混合动力汽车使用与维修

朱帆 编著

金盾出版社

内 容 提 要

　　本书系统介绍了混合动力汽车的类型、工作模式,以及典型混合动力系统的结构、使用与维修。内容通俗易懂,图文并茂。可供汽车维修人员、汽车维修专业师生阅读参考。

图书在版编目(CIP)数据

混合动力汽车使用与维修/朱帆编著．--北京:金盾出版社,2012.9

ISBN 978-7-5082-7769-1

Ⅰ.①混…　Ⅱ.①朱…　Ⅲ.①混合动力汽车—车辆修理　Ⅳ.①U469.707

中国版本图书馆 CIP 数据核字(2012)第 152732 号

金盾出版社出版、总发行
北京太平路 5 号(地铁万寿路站往南)
邮政编码:100036　电话:68214039　83219215
传真:68276683　网址:www.jdcbs.cn
封面印刷:北京凌奇印刷有限责任公司
正文印刷:北京军迪印刷有限责任公司
装订:兴浩装订厂
各地新华书店经销
开本:850×1168 1/32　印张:5.75　字数:140 千字
2012 年 9 月第 1 版第 1 次印刷
印数:1~5 000 册　定价:14.00 元

(凡购买金盾出版社的图书,如有缺页、
倒页、脱页者,本社发行部负责调换)

前　言

随着环保与节能的要求越来越严,替代内燃机汽车的方案也越来越多,例如氢能源汽车、燃料电池汽车、混合动力汽车等。但目前最有实用性价值,并已批量生产的只有混合动力汽车。

混合动力汽车(Hybrid Electric Vehicle,简称 HEV)以内燃机与电动机为动力,它既有内燃机比能量和比功率高的长处,又有电动汽车排放低的优点,显著改善了内燃机汽车的燃油经济性和排放性,增加了电动汽车的续驶里程,在由内燃机汽车向电动汽车发展过程中扮演着承上启下的角色。

尽管目前混合动力汽车进入我国时间较短,车型较少,保有量不多,但国内外各汽车公司已加大研发力度,大批混合动力汽车即将上市,对汽车维修人员会带来新的挑战。

混合动力汽车与传统的内燃机汽车有较大差别,汽车维修人员对混合动力汽车还比较陌生,需要对混合动力汽车有所了解,为此,本书系统介绍了混合动力汽车的类型、工作模式、发展状况,以及典型混合动力系统的结构、使用与维修。

本书在编写过程中,参阅了一些相关图书、技术资料和维修手册,在此,对同行们表示衷心感谢。

由于编者水平有限,书中难免有不妥之处,恳请读者批评指正。

编　者

目　　录

第一章　概述…………………………………………………………… 1
　第一节　混合动力汽车的定义与特点………………………………… 1
　第二节　混合动力汽车的工作模式………………………………… 3
　第三节　混合动力汽车的类型……………………………………… 8
　第四节　混合动力汽车的发展状况………………………………… 14
第二章　混合动力汽车的电动部件………………………………… 20
　第一节　混合动力系统的蓄电池…………………………………… 20
　第二节　混合动力系统的变频器…………………………………… 37
　第三节　混合动力系统的电动机…………………………………… 47
第三章　混合动力汽车的结构与使用……………………………… 59
　第一节　丰田普锐斯混合动力系统………………………………… 59
　第二节　丰田普锐斯混合动力发动机……………………………… 109
　第三节　丰田普锐斯混合动力变速驱动桥………………………… 120
第四章　混合动力汽车的维修……………………………………… 135
　第一节　混合动力汽车的维修准备………………………………… 135
　第二节　丰田普锐斯蓄电池系统的维修…………………………… 139
　第三节　混合动力控制系统的维修………………………………… 149
　第四节　混合动力发动机控制系统的维修………………………… 155
　第五节　丰田普锐斯混合动力变速驱动桥的维修………………… 170

第一章 概　述

第一节　混合动力汽车的定义与特点

一、混合动力汽车的定义

20 世纪 90 年代以来，世界各国对环保的呼声日益高涨，各种各样的电动汽车脱颖而出。虽然人们普遍认为未来是电动汽车的天下，但是，目前的电池技术问题阻碍了电动汽车的应用。由于电池的能量密度与汽油相比差上百倍，远未达到人们所要求的数值，专家估计在 10 年以内电动汽车还无法取代内燃机汽车（除非燃料电池技术有重大突破）。

现实迫使汽车工程师们想出了一个两全其美的办法，开发了一种混合动力装置的汽车。所谓混合动力装置，就是将电动机与辅助动力单元组合在一辆汽车上作为汽车的动力系统，辅助动力单元实际上是一台小型内燃机或动力发电机组。形象一点说，就是将传统发动机尽量做小，让一部分动力由电池—电动机系统承担。这种混合动力装置既发挥了发动机持续工作时间长、动力性好的优点，又可以发挥电动机无污染、低噪声的好处，两者"并肩战斗"，取长补短，汽车的热效率可提高 10％以上，废气排放可改善30％以上。

根据国际电工委员会电动汽车技术委员会的建议，对混合动力汽车定义如下：有多于一种能量转换器用来提供驱动动力的混合型电动汽车。混合动力汽车英文缩写为 HEV(Hybrid Electric Vehicle)。根据这个定义，混合动力汽车有很多种形式，为了避免混淆，业内通常用内燃机和蓄电池动力混合的车辆来代表混合动力汽车。

从狭义上讲,混合动力汽车是指同时装备两种动力源——热动力源(汽油机或柴油机)与电动力源(电动机)的汽车。在混合动力汽车上使用电动机,使得动力系统可以按照整车的实际运行工况要求灵活调控,而发动机保持在综合性能最佳的区域内工作,从而降低油耗与排放。也可以认为混合动力汽车通常是指既有蓄电池可提供电力驱动,又装有一个相对小型内燃机的汽车。混合动力是一种因为推广电动汽车的时机不成熟,而开发的一种折中的技术。

从广义上来讲,混合动力汽车指的是装备有两种具有不同驱动装置的车辆。这两种驱动装置中有一个是车辆的主要动力来源,它能够提供稳定的动力输出,满足汽车稳定行驶的动力需求,由于内燃机在汽车上成功地应用,使之成为首选的驱动装置;另外还有一个辅助驱动装置,它具有良好的变工况特性,能够进行功率的平衡、能量的再生与存储。目前应用最多的是油电混合动力系统。

二、混合动力汽车的特点

1. 混合动力汽车的优点

混合动力汽车具有以下优点:

①采用混合动力后,可按平均需用的功率来确定发动机的最大功率,此时,发动机在油耗低、污染少的最优工况下工作。当发动机功率不足时,由电动机来补充;负荷小时,发动机富余的功率可发电,给蓄电池充电。由于发动机可持续工作,又可以给蓄电池不断充电,故其行驶和普通汽车一样。

②有了蓄电池,可以十分方便地回收制动、下坡、急速时的能量。

③在繁华市区,可关停发动机,由电动机单独驱动,实现"零"排放。

④有了发动机,可以十分方便地解决耗能大的空调取暖、除霜等纯电动汽车遇到的难题。

⑤可以利用现有的加油站加油,不必再投资。

⑥可以让蓄电池保持良好的工作状态,不发生过充电、过放电的情况,延长了其使用寿命,降低成本。

2. 混合动力汽车的缺点

混合动力汽车有两套动力,再加上两套动力的管理控制系统,结构复杂,技术难度较大,价格较高。

在电动汽车时代到来之前,混合动力汽车只是一种过渡产品。

第二节　混合动力汽车的工作模式

一、丰田普锐斯混合动力工作模式

丰田普锐斯(Prius)混合动力系统如图 1-1 所示。MG1 为发电机,MG2 为电动机。

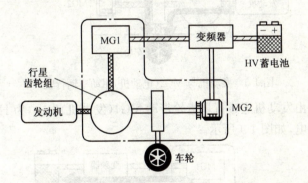

图 1-1　丰田普锐斯(Prius)混合动力系统示意图

1) HV 蓄电池通过变频器向电动机(MG2)供电,电动机(MG2)带动行星齿轮旋转,驱动车辆行驶,如图 1-2 所示。

2)发动机带动行星齿轮旋转,同时,发动机通过行星齿轮带动MG1(发电机)发电,并通过变频器向 MG2(电动机)供电,MG2(电动机)带动行星齿轮旋转,驱动车辆行驶,如图 1-3 所示。

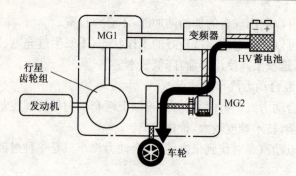

图 1-2　电动机驱动车辆行驶

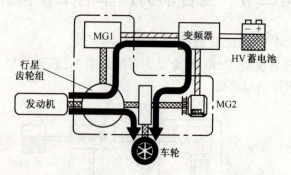

图 1-3　发动机与 MG2(电动机)驱动车辆行驶

3)由发动机通过行星齿轮带动 MG1(发电机)发电,为 HV 蓄电池充电,如图 1-4 所示。

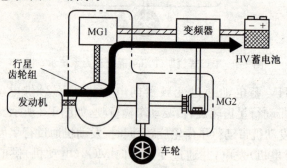

图 1-4　HV 蓄电池充电(一)

4)车轮通过行星齿轮带动 MG2(电动机)发电,为 HV 蓄电池充电,如图 1-5 所示。

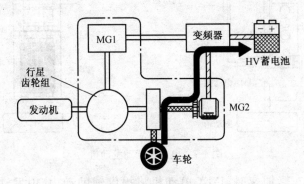

图 1-5　HV 蓄电池充电(二)

二、本田思域混合动力工作模式

本田思域(Civic)混合动力系统如图 1-6 所示。

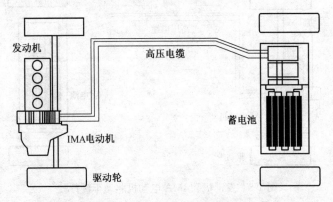

图 1-6　本田思域(Civic)混合动力系统示意图

1)发动机起动时,高压蓄电池向 IMA 电动机供电,以起动发动机,如图 1-7 所示。在高压蓄电池充电不足的状态下,也可以使用 12V 电压的起动系统起动发动机。

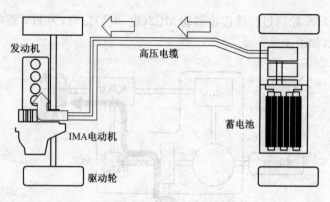

图 1-7　电动机起动发动机

2)车辆加速时,IMA 电动机将提供辅助动力,由发动机和 IMA 电动机驱动车辆行驶,如图 1-8 所示。这样可以允许使用较小排量的发动机,从而提高车辆的燃油经济性。

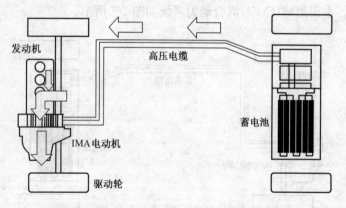

图 1-8　发动机和 IMA 电动机驱动车辆行驶

3)在车辆巡航状态下,当车辆行驶速度必须是 10～50km/h 且发动机转速小于 1000r/min 时,发动机"滑行",仅由 IMA 电动机提供动力驱动车辆行驶,如图 1-9 所示。

4)车辆减速时,车轮带动 IMA 电动机发电,为高压蓄电池充

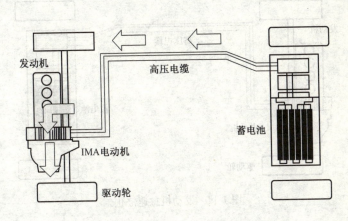

图 1-9　IMA 电动机驱动车辆巡航行驶

电,如图 1-10 所示。

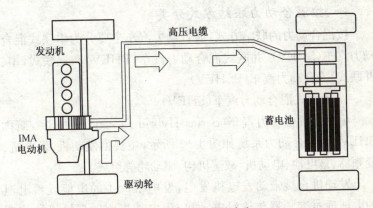

图 1-10　高压蓄电池充电

5)停车时,发动机在车速低于 12km/h 时会怠速停止,以达到节油的目的,如图 1-11 所示。在怠速停止时,高压蓄电池会继续向空调压缩机和车辆 12V 电气系统供电。当制动踏板松开时,IMA 电动机会重新起动发动机。

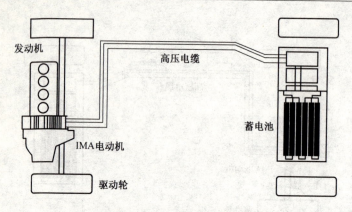

图 1-11 发动机怠速停止

第三节 混合动力汽车的类型

一、按混合动力联结方式分类

按混合动力的联结方式,混合动力汽车主要分为串联式混合动力汽车(SHEV)、并联式混合动力汽车(PHEV)和混联式(串、并联式)混合动力汽车(PSHEV)。

1. 串联式混合动力汽车(SHEV)

串联式混合动力汽车(Series Hybrid Electric Vehicle ,简称SHEV)的混合动力系统如图 1-12 所示,主要由发动机、发电机、变频器、蓄电池、电动机、减速机构、驱动轮等组成。

发动机直接带动发电机发电,发电机产生的电能或蓄电池的电能通过变频器传输给电动机,由电动机驱动齿轮机构使车辆行驶。蓄电池对发电机产生的电能和电动机需要的电能进行调节。

串联式混合动力汽车(SHEV)是用电动机驱动的"电动汽车",也是混合动力汽车的一种。这种混合动力系统通常在城市公交车上使用,而很少在轿车上使用。

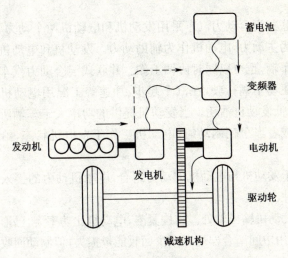

图 1-12　串联式混合动力系统示意图

2. 并联式混合动力汽车(PHEV)

并联式混合动力汽车(Parallel Hybrid Electric Vehicle,简称 PHEV)的混合动力系统如图 1-13 所示,主要由发动机、变频器、蓄电池、电动机/发电机、减速机构、变速器、驱动轮等组成。

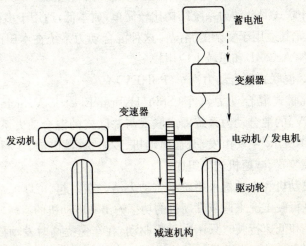

图 1-13　并联式混合动力系统示意图

　　并联式混合动力汽车采用发动机和电动机两个动力驱动,以发动机为主动力,电动机作为辅助动力。发动机和电动机可以独自驱动车辆,也可以同时协调工作。并联式混合动力汽车主要以发动机驱动车辆行驶,在汽车起步、加速等工况用电动机辅助驱动,以降低发动机油耗。当发动机提供的功率大于车辆所需驱动功率时或者当车辆制动时,电动机工作于发电机状态,给蓄电池充电。

　　对于发动机与电动机的动力组合,电动机动力的接入位置有下列几种:

　　1)发动机输出轴处。结构紧凑,电动机比功率大,已形成系列产品,采用中间离合器可以减少回收能量损失,但制动回收能量损失较大。

　　2)变速器处。与变速器制成一体,但变速器改动大,不适合现有车辆改装。

　　3)驱动轮处。不改动发动机总成,适合单一的无怠速系统,可以使用12V电源,但功能单一,需要设置一个增扭器。

　　并联式混合动力系统结构比较简单,成本低,适用于多种行驶工况,尤其适用于复杂的路况。这种混合动力系统在本田改为中文名称(Accord)和思域上应用较多。

　　3. 混联式混合动力汽车(PSHEV)

　　混联式混合动力汽车(Split Hybrid Electric Vehicle,简称PSHEV)的混合动力系统即串联式与并联式的混合动力系统,如图1-14所示,主要由发动机、电动机、发电机、蓄电池、变频器、动力分离装置、减速机构等组成。

　　发动机和电动机采用轮系将动力结合在一起,可以灵活地根据车辆行驶工况来调节发动机的功率输出和电动机的运转。在车辆起步和低速行驶时只用电动机驱动,在车速提高时发动机和电动机配合驱动。发动机的动力通过动力分离装置分成两部分,一

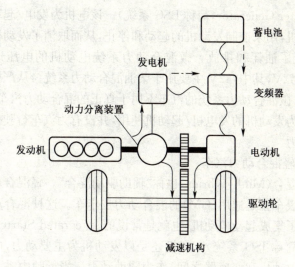

图 1-14　混联式混合动力系统示意图

部分用来直接驱动车辆,另一部分用来带动发电机发电。

但混联式混合动力汽车结构复杂,成本高。但随着控制技术和制造技术的发展,一些混合动力汽车倾向于选择这种结构。

混联式混合动力系统在丰田普锐斯上应用较多。另外,发动机直接驱动前轮,电动机驱动后轮,适合于四轮驱动车辆。

二、按动力混合度分类

按混合动力系统中电动机的输出功率在整个动力系统输出功率中所占的比重,也就是常说的动力混合度的不同,混合动力汽车可以分为微混合动力汽车、轻混合动力汽车、中混合动力汽车和全混合动力汽车。

1. 微混合动力汽车

微混合(Micro Hybrids)也称为"起/停混合"。微混合动力汽车的代表车型是 PSA 的混合动力 C3、丰田的混合动力(Vitz)、奇瑞 A5。这种混合动力系统在传统发动机上的起动电机(一般为12V)上加装了皮带驱动起动电动机(也就是常说的 Belt-alterna-

tor Starter Generator,简称 BSG 系统)。该电机为发电/起动一体
式电动机,用来控制发动机的起动和停止,从而取消了发动机的怠
速,降低了油耗和排放。微混合动力系统电动机的电压通常有
12V 和 42V,其中,42V 主要用于柴油混合动力系统。从严格意义
上来讲,微混合动力系统的汽车不属于真正的混合动力汽车,电动
机仅作为发动机的发电机/起动机使用,并没有为汽车行驶提供持
续的动力。

2. 轻混合动力汽车

轻混合(Mild Hybrids)也称"辅助驱动混合"。轻混合动力汽
车的代表车型是通用(GM)的混合动力皮卡车。这种混合动力系
统采用了集成起动电动机(也就是常说的 Integrated Starter Gen-
erator,简称 ISG 系统)。车辆还是以发动机为主要动力,电动机
安装在发动机和变速器之间,作为辅助动力。当行驶中需要更大
驱动力时,它被用做电动机;当需要起动发动机时,它被用做起
动机。

与微混合动力系统相比,轻混合动力系统除了能够实现用电
动机控制发动机的起动和停止外,还能够实现在减速和制动工况
下,对部分能量进行吸收,而在行驶过程中,发动机等速运转,发动
机产生的能量可以在车轮的驱动需求和发电机的充电需求之间进
行调节。轻混合动力系统的混合度一般在 20%以下。

3. 中混合动力汽车

中混合动力汽车的代表车型是本田(Insight)、(Accord)和思
域、别克君越(Eco Hybrid)。中混合动力系统同样采用了 ISG 系
统。与轻度混合动力系统不同,中混合动力系统采用的是高压
电机。另外,中混合动力系统还增加了一个功能,当汽车处于加
速或者大负荷工况时,电动机能够辅助驱动车轮,从而补充发动
机本身动力输出的不足,从而更好地提高整车的性能。这种系
统的混合度较高,可以达到 30%左右,目前技术已经成熟,应用
广泛。

4. 全混合动力汽车

全混合(Full Hybrids)也称"强混合"。全混合动力汽车的代表车型是丰田的普锐斯和未来的(Estima)。这种混合动力系统采用了 272~650V 的高压起动电机,混合程度更高。

全混合动力系统既可以使用发动机或电动机单独驱动车辆,又可以同时使用两种动力。其普遍采用大容量蓄电池向电动机供电,以纯电动模式运行,同时还具有动力切换装置,用以发动机、电动机各自动力的耦合和分离。在起步、倒车、缓加速(如频繁起步—停车)、低速行驶等情况下,车辆可以纯电动模式行驶,而急加速时,电动机和发动机一起驱动车辆,并具有制动能量回收的功能。

与中混合动力系统相比,全混合动力系统的混合度可以达到甚至超过 50%,将逐渐成为混合动力技术的主要发展方向。

此外,插电式混合动力汽车(Plug-in Hybrids)通过接入家用电源为系统中配备的充电电池充电,充电后可将充电电池作为动力驱动电动汽车行驶。另外,在充电电池的剩余电量用完后,并不是切换至发动机行驶模式,而是通过发动机旋转发电机,利用由此产生的电力为蓄电池充电,继续用电动机行驶,从而形成了串联方式的插电式混合动力汽车。这种混合动力汽车比全混合动力汽车有较长纯电动行驶里程。该系统电机功率比例与纯电动情况基本相同(或稍小),内燃机功率比例与全混合系统基本相同,电池容量一般比全混合系统的大,比纯电动车辆的小。

三、按运行模式分类

按运行模式,混合动力汽车可分为单一模式混合动力汽车和双模式混合动力汽车。

1. 单一模式混合动力汽车

单一模式混合动力汽车可以按照三种方式操控:仅使用电力驱动,或仅使用发动机驱动,或发动机和电力驱动的任意组合。如果在交通拥挤、时停时走的状态下,仅使用电力驱动,延长发动机的关闭时间,则可以实现完全意义上的节油。

这种模式适用于低速度和负荷较小的情况。

2. 双模式混合动力汽车

双模式混合动力汽车的核心实质上是一个电控可调变速箱。它利用现有的传动系统,配有两个电动机,可以在两种混合动力运行模式之间实现自如切换。在双模式混合动力系统下,精准的控制机构将决定汽车在特定的行驶状态下采用何种驱动方式。控制机构输入功率将取决于行驶时所需的扭矩,并向发动机和电动机发出相应的指令。发动机和电动机将扭矩传送到变速箱中的一系列齿轮,利用与传统自动变速箱类似的原理将扭矩放大,从而驱动汽车行驶。但与传统的持续型可变变速箱不同的是,双模式混合动力电子控制系统并不使用皮带或传送带。两种模式之间是同步切换,即切换模式时无须改变发动机速度,从而实现平稳加速。

这种模式主要适用于高速公路驾驶。除电力驱动辅助外,发动机可在必要时启动全部气缸,比如超车、拖载或爬坡时。它整合了尖端电子控制技术、随选排量技术、凸轮调整以及进气门延迟启闭系统,使发动机的动力输出更加灵活、有效。

第四节　混合动力汽车的发展状况

一、国外混合动力汽车的发展状况

近年来,美、日、德等汽车工业强国先后发布了关于推动包括混合动力汽车在内的新能源汽车产业发展的国家计划。美国计划到 2015 年普及 100 万辆插电式混合动力汽车(PHEV)。日本把发展新能源汽车作为“低碳革命”的核心内容,并计划到 2020 年普及包括混合动力汽车在内的“下一代汽车”达到 1350 万辆。为了完成这一目标,到 2020 年计划开发出至少 38 款混合动力汽车、17款纯电动汽车。德国政府在 2008 年 11 月提出未来 10 年普及100 万辆插电式混合动力汽车和纯电动汽车,并宣称实施该计划,标志德国将进入新能源汽车时代。

　　动力电池成为各国政府在电动汽车领域研发的重中之重。美国政府于 2009 年 8 月宣布安排 24 亿美元支持插电式混合动力汽车的研发与产业化，其中，20 亿美元用来支持先进动力电池的研发和产业化。日本政府提出"谁控制了电池，谁就控制了电动汽车"，并组织实施国家专项计划，在 2011 年以前投入 400 多亿日元用于先进动力电池技术研究，2012 年前后新型锂电池将规模应用于下一代新能源汽车。德国从 2010 年起启动了一项 4 亿欧元的车用锂电池开发计划，几乎所有德国汽车和能源巨头均携资加入。国家的大量投入，充分调动了企业的积极性。目前，国际主要汽车制造商不断加强与电池企业的合作，以动力电池突破为核心目标的强强联合与产业联盟不断涌现，动力电池技术研发和产业化进程明显加快。

　　各国政府加大了政策支持力度，全力推进包括混合动力汽车在内的新能源汽车产业化。美国对插电式混合动力汽车实施税收优惠，减税额度为 2500～15000 美元，同时美国政府对电动汽车生产予以贷款资助。2009 年 6 月 23 日，福特、日产北美公司和 Tesla 汽车公司获得 80 亿美元的贷款，主要用于混合动力和纯电动汽车的生产。日本从 2009 年 4 月 1 日起实施新的"绿色税制"，对包括混合动力汽车、纯电动汽车等低排放且燃油消耗量低的车辆给予税赋优惠，一年的减税规模约为 2100 亿日元，是现行优惠办法减税额的 10 倍。法国对购买低排放汽车的消费者给予最高 5000 欧元的奖励，对高排放汽车进行最高 2600 欧元的罚款。欧盟在 2009 年上半年发放 70 亿欧元贷款，支持汽车制造商发展新能源汽车。此外，美国新的汽车燃油经济性法规和欧盟新车二氧化碳平均排放法规，对汽车的技术要求大幅提高，如果不发展新能源汽车技术，汽车制造商将很难达到新法规的要求。

　　从 1995 年起，包括日本丰田与美国三大汽车公司（通用、福特、戴姆勒—克莱斯勒）在内的世界各大汽车制造商陆续投入混合动力汽车的研究开发。经过多年发展,混合动力汽车在商用化、产业化进程上的发展已经较为迅速。特别是 2004 年,全球各大汽车制造商继续加大环保车型的开发力度,混合动力车型成为各大公司的战略重点,逐渐突破了小型车的限制,越来越多地应用在中大型车上,技术竞争越演越烈。2009 年,世界汽车市场混合动力汽车销量已经超过 70 万辆。据预测,2015 年混合动力汽车将在世界汽车市场占 15%,2020 年占 25%。

1997 年,日本丰田推出了世界上第一款批量生产的混合动力汽车,其后又在 2001 年相继推出了混合动力面包车和皇冠轿车,运用了先进的混合动力系统(THS)电子控制装置与电动四轮驱动及四轮驱动力/制动力综合控制系统,在普及混合动力系统的低油耗、低排放和改进行驶性能方面处于世界前沿。以丰田为代表的日系汽车企业,正是由于 10 多年前的精确判断,才最终以混合动力这种过渡的新能源技术傲立如今的世界汽车市场。丰田普锐斯轿车 2009 年的销量达 20.89 万辆,同比增长达 290%,成为包含微型车在内的新车销量排行榜榜首。

在美国,美国三大汽车公司在 2004 年就组建了生产混合动力汽车和燃料电池汽车所用电池联合开发公司——USABC,投资 460 万美元开发新一代环保型混合动力汽车所需要的高性能聚合物锂离子电池。2005 年 9 月,通用汽车、戴姆勒—克莱斯勒集团与宝马集团签署了关于构建全球合作联盟,共同开发混合动力推进系统的合作备忘录,共享各自在混合动力推进系统方面领先的技术及丰富的科技资源,并把发展"双模"全混合动力系统作为首要目标。2009 年美国混合动力汽车销量达到 29.03 万辆,占美国汽车市场份额的 2.8%,虽然份额还较小,但却从 2005 年的 1.2% 开始呈逐年上升之势。预计在 2013 年,美国混合动力汽车的销量将达到 87.2 万辆,市场占有率将达到 5%。

二、国内混合动力汽车的发展状况

随着石油资源危机和人们环保意识的提高,混合动力汽车及电动汽车将成为今后汽车发展的主流,并成为我国汽车界所有业内人士的共识。我国政府已经在国家高技术研究发展计划(863计划)中专门列出了包括混合动力汽车在内的电动汽车重大专项。目前,我国在新能源汽车的自主创新过程中,坚持了政府支持,以核心技术、关键部件和系统集成为重点的原则,确立了以混合动力汽车、纯电动汽车、燃料电池汽车为"三纵",以整车控制系统、电机驱动系统、动力蓄电池/燃料电池为"三横"的研发布局,产学研紧密合作,我国混合动力汽车的自主创新取得了重大进展。

1)形成了具有完全自主知识产权的动力系统技术平台,建立了混合动力汽车技术开发体系。混合动力汽车的核心是电池技术(包括电池管理系统)。除此之外,还包括发动机技术、电机控制技术、整车控制技术等,发动机和电动机之间动力的转换和衔接也是重点。从目前情况来看,我国已经建立起了混合动力汽车动力系统技术平台和产学研合作研发体系,取得了一系列突破性成果,为整车开发奠定了坚实的基础。截止到 2009 年 1 月 31 日,在混合动力汽车技术领域,我国知识产权局受理并公开的中国专利申请为 1116 件,其中,发明专利为 782 件(授权为 107 件),实用新型专利为 334 件。

2)掌握了关键零部件核心技术,自主开发出系列化产品,关键零部件产业化全面跟进。在混合动力汽车的核心——电池技术研发方面,我国已自主研制出容量为 6~100Ah 的镍氢和锂离子动力电池系列产品,能量密度和功率密度接近国际水平,同时突破了安全技术"瓶颈",在世界上首次规模应用于城市公交大客车;自主开发的 200kW 以下永磁无刷电机、交流异步电机和开关磁阻电机,电机重量比功率超过 1300W/kg,电机系统最高效率达到 93%。与此同时,混合动力汽车关键零部件的产业化进程加快,生产配套能力显著增强。近年来,力神、比亚迪、比克、万向等动力电池企业投入数十亿资金加快产业化建设,上海电驱动、大郡、湘潭电机、南车时代等电机企业加强与上下游企业合作,积极完善产业链建设。在未来 2~3 年内,预计将形成 20 亿 Ah 以上的动力电池和全系列驱动电机生产能力,能够满足 100 万辆混合动力汽车及纯电动汽车的配套要求。

　　3)还掌握了混合动力汽车和电动汽车整车开发关键技术,形成了各类混合动力汽车和纯电动汽车的开发能力。我国混合动力汽车在系统集成、可靠性、节油性能等方面进步显著,不同技术方案可实现节油 10%~40%。同时,各汽车企业对混合动力汽车的研发和产业化投入显著增强,产业化步伐不断加快。国内汽车企业已将混合动力汽车作为未来主流竞争型产品在战略上高度重视,一汽、东风、上汽、长安、奇瑞、比亚迪等都已投入了大量的人力、物力,混合动力车型已完成样车开发,并有部分车型已经实现小批量上市。

　　一汽集团计划到 2012 年建成一个年生产能力为混合动力轿车 1.1 万辆、混合动力客车 1000 辆的生产基地。奔腾 B70 混合动力版轿车采用油—电混合方式,动力系统采用双电机方案,混合度为 38.8%,属于全混合车型。奔腾 B70 混合动力版轿车的成本是汽油版奔腾车型的 2~3 倍,实现量产后成本会逐渐降低,即便如此,混合动力版奔腾上市后,售价肯定比现有奔腾车型高,但高出的价格不会超过汽油版奔腾车型的 30%。

　　上汽集团 2010 年推出中混合动力轿车。2012 年上汽插电式强混合轿车和纯电动轿车将推向市场。荣威 750 中混合动力轿车采用 BSG 系统(皮带传动的起动/发电一体机),具备“智能停机‘零’排放”和“环保与动力性兼备”两大突出特点,最高时速为 205km/h,最大续驶里程达 500km。作为上汽首款面向产业化的自主品牌混合动力轿车,荣威 750 中混合动力轿车可实现综合节油率 20%左右。

　　东风集团计划投入 330 亿,用 10 年时间来发展一系列包括混合动力汽车在内的环保汽车。EQ7200HEV 混合动力轿车是“863”项目的重大专项和东风汽车公司重大战略项目,该轿车是以

EQ7200-Ⅱ车型(风神蓝鸟轿车)为基础,采用电控自动变速箱与创新型并联机电耦合的方案,配置直流永磁无刷电动机和镍-氢电池,计划在"十五"期间实现产业化,产业化后,整车成本比EQ7200轿车成本增加幅度小于30%。

长安2014年将实现产销新能源汽车15万辆,2020年达到新能源汽车产销50万辆以上。中混合动力志翔搭载一款最大功率为130马力(1马力=735.499W)的1.5L汽油发动机,这款发动机的最大扭矩为131N·m。同时还将搭载一款最大功率为13kW(18马力)最大扭矩为42N·m的ISG电机,并且还有6Ah的镍-氢电池。中混合动力志翔轿车百公里综合油耗将会控制在6.6L左右,并在任何工况下排放都符合国Ⅳ标准。

奇瑞2010年以后,其旗下产品一半以上搭载不同程度的混合动力系统。奇瑞A3 ISG搭载有1.3L 473F汽油发动机和10kW电动机。汽油发动机与电动机以扭矩叠加的方式进行动力混合,达到整车最佳的动力运转效率与环保节能目标。奇瑞A3 ISG还具备Stop-Restart(停机-起动)的机能(BSG功能),以降低在车辆等红灯或暂停时的燃油消耗与废气排放。

比亚迪遵循"自主研发、自主生产、自主品牌"的发展路线和"掌握核心技术、产业垂直整合"的发展战略,以双模电动汽车作为过渡,以电动汽车作为终极目标,发展新能源汽车。比亚迪F3DM双模电动汽车搭载BYD371QA全铝发动机,升功率达到50kW,加上75kW的电动机,输出总功率达125kW,达到排量为3.0L发动机的动力输出水平。在纯电动的模式下,F3DM双模电动汽车实现目前世界上最长的续航里程(100km),最高时速可达150km/h,一次充满油和电,总续航里程可达500km以上。

第二章　混合动力汽车的电动部件

第一节　混合动力系统的蓄电池

一、对蓄电池的基本要求

蓄电池在充电过程中,电能通过蓄电池内活性物质的化学变化转变为化学能贮存在蓄电池内。蓄电池在放电过程中,通过蓄电池内活性物质的化学变化逆转,将化学能转变为电能从蓄电池输出。

在混合动力汽车上,大多数采用了高能蓄电池。高能蓄电池的作用仍然是贮存电能。高能蓄电池的发展,使得混合动力汽车的动力性能不断提高,一次充电后的续驶里程也不断地延长。在混合动力汽车上蓄电池是辅助电力能源,用于作为发动机的辅助动力源,提高整车的动力性能或作为电动机驱动车辆时的电力能源。

通常由蓄电池供给直流电,再经过变频器或逆变器转换成频率和电压幅值可调的交流电,供给电动机来驱动车辆行驶。

一般混合动力汽车所采用的动力电池组,要求有较大的比能量。一方面,动力电池组必须是具有强大能量的动力电源,除了作为驱动动力源外,还要向空调系统、动力转向系统等提供电力能源;另一方面还要为点火系统、照明与信号系统、刮水器,以及娱乐和车载通信设备等提供低压电源。

混合动力系统的蓄电池应具有以下特点:

1. 比能量大

比能量是保证混合动力汽车能够达到基本合理的行驶里程的

重要性能,连续 2h 放电的比能量不应低于 44 W·h/kg。

2. 充电时间短

蓄电池的正常充电时间应小于 6h,其能够适应快速充电的要求,快速充电达到额定电容量 50% 时的时间为 20min 左右。

3. 连续放电率高、自放电率低

蓄电池能够适应快速放电的要求,连续 1h 放电率可以达到额定容量的 70% 左右。自放电率要低,蓄电池才能够长期存放。

4. 不需要复杂的运行环境

蓄电池能够在常温条件下正常稳定地工作,不受环境温度的影响,不需要特殊加热,能够适应混合动力汽车行驶时振动的要求。

5. 安全、可靠、方便

蓄电池应干燥、洁净,电解质不会渗漏腐蚀接线柱和外壳。不会引起自燃或燃烧。在发生碰撞等事故时,不会对乘员造成伤害。废蓄电池能够进行回收处理和再生处理,蓄电池中有害重金属能够进行集中回收处理。电池组可以采用机械装置进行整体快速更换,线路连接方便。

6. 寿命长、免维修、制造成本低

蓄电池的循环寿命不低于 1000 次,在使用寿命限定期间内,不需要进行维护和修理。

二、常用蓄电池

1. 铅酸蓄电池

(1)铅酸蓄电池的种类、特点及应用

铅酸蓄电池是指以酸性水溶液为电解质、以铅及铅氧化物为电极材料的蓄电池。铅酸蓄电池由法国科学家普兰特(G. Plante)于 1859 年发明。1881 年法国人发明的电动汽车就是以铅酸蓄电池作为动力源。铅酸蓄电池作为汽车的起动和电气设备的电源被广泛应用。

铅酸蓄电池的特点是开路电压高、放电电压平稳、充电效率高,在常温下能正常工作,且生产技术成熟、价格便宜、规格齐全。近年来,国内外开发的第一代电动汽车广泛使用铅酸蓄电池。在混合动力汽车上使用的铅酸蓄电池的种类、特点及应用见表2-1。

表 2-1　铅酸蓄电池的种类、特点及应用

类　　型	主要特点	应　　用
开口管式铅酸蓄电池	有较高的比能量,良好的循环寿命,少维护	客车、服务与环卫车辆
阀控胶质管式铅酸蓄电池	有较高的比能量和质量比功率,良好的循环寿命,免维护	客车、服务与环卫车辆、厢式车辆
平板阀控铅酸蓄电池	有较高的比功率,免维护	客车、服务与环卫车辆、货车
薄平板阀控铅酸蓄电池	有较高的峰值功率,浅循环放电,免维护	各种混合动力汽车

混合动力汽车使用的动力铅酸蓄电池与起动铅酸蓄电池的性能要求是不同的。动力铅酸蓄电池要求有高的比能量和比功率,高的循环次数和使用寿命,以及快速充电性能等。目前,已经有很多专业公司研制和开发了多种新型铅酸蓄电池,使得铅酸蓄电池的性能有了较大地提高。

(2)铅酸蓄电池的基本构造

普通铅酸蓄电池通常由若干个单体电池串联而成,其基本构造如图2-1所示。每个单体电池都是由正极板、负极板和装在正极板与负极板之间的隔板组成,正极板的活性物质是二氧化铅(PbO_2),负极板上的活性物质为纯铅(Pb)。每个单体电池的基本电压为2V,将单体电池按使用要求进行组合,装置在塑料外壳中,以获得不同电压和不同容量的铅酸蓄电池。经过加注电解液(硫酸溶液)和充电后,就可以从铅酸蓄电池的接线柱上输出电能。

铅酸蓄电池通常采用密封、无锑网隔板等技术措施,并在普通铅酸蓄电池的电解液中加入硅酸胶(Na_2SiO_3)之类的凝聚剂,形

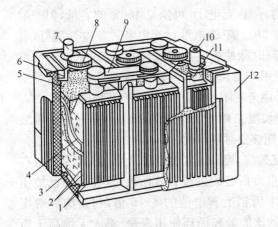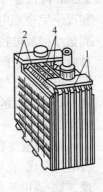

图 2-1　普通铅酸蓄电池的基本构造

1—正极板　2—负极板　3—肋条　4—隔板　5—护板　6—封料　7—负极柱

8—加液口盖　9—电极连接条　10—正极柱　11—极柱衬套　12—壳体

成"胶体"电解质,使用起来更加方便。

(3)铅酸蓄电池的工作原理

铅酸蓄电池的放电和充电过程就是铅酸蓄电池活性物质进行可逆化学变化过程。它们可以用下列化学反应方程式表示:

$$PbO_2 + 2H_2SO_4 + Pb \Longrightarrow PbSO_4 + 2H_2O + PbSO_4$$

正极　　　负极　　　　正极　　　　　　负极

铅酸蓄电池在放电时,化学反应由左向右进行,而在充电时,化学反应由右向左进行。

由于铅酸蓄电池在放电过程中,电解液中的硫酸(H_2SO_4)浓度会逐渐减小,因此,可以用密度计来测量电解液的密度,从而确定铅酸蓄电池的放电程度。

2. 镍-镉(Ni-Cd)电池

(1)镍-镉电池的特点与应用

镍-镉电池是一种碱性电池,是混合动力汽车首选电池之一。镍-镉电池的比能量可达到 55W·h/kg ,比功率超过 225W/kg。极板强度高,工作电压平稳,能够带电充电,并可以快速充电,充电

15min 可恢复 50％的容量,充电 1h 可恢复 100％的容量,但一般情况下完全充电需要 6h。镍-镉电池过充电和过放电性能好,有高倍率的放电特性,瞬时脉冲放电率很大,深放电达 100％,深度放电性能好。循环使用寿命长,可达到 2000 次或 7 年以上,是铅酸蓄电池的 2 倍。采用全封闭外壳,可以在真空环境中正常工作。在−40～80℃的环境温度条件下工作正常,低温性能较好。自放电率低于 0.5％/天,能够长时间存放。

镍-镉电池有记忆效应,镍—镉电池中采用的镉(Cd)是一种有害的重金属,在电池报废后必须进行有效回收,这在国外已能实现。镍-镉电池的成本为铅酸蓄电池的 4～5 倍,初始购置费用较高。但镍-镉电池的比能量和循环使用寿命,都大大地高于铅酸电池,因此,在电动汽车实际使用时,总的费用不会超过铅酸蓄电池。

由于镍-镉电池使用性能比铅酸蓄电池好,在混合动力汽车上得到广泛使用。克莱斯勒公司的 TE 面包车、标致 106 型混合动力汽车、雪铁龙 AX-EV 以及日本本田汽车公司、日产汽车公司等生产的混合动力汽车上都采用了镍-镉电池。

(2)镍-镉电池的基本结构

镍-镉电池的每个单体电池都是由正极板、负极板和装在正极板和负极板之间的隔板组成,如图 2-2 所示。正极活性物质为羟基氢氧化镍,负极活性物质为金属镉。电解液为水溶性氧化钾。单体电池的标称电压为 1.2V。将单体电池按不同的组合装在塑料外壳中,可得到所需要的不同电压和不同容量的镍-镉电池,在加注电解液并充电后,就可以从镍-镉电池的接线柱上输出电能。

(3)镍-镉电池的工作原理

镍-镉电池充电和放电的化学反应如下:

$$2Ni(OH)_3 + 2KOH + Cd = 2Ni(OH)_2 + 2KOH + Cd(OH)_2$$

　正极　　　　　负极　　　　　正极　　　　　　　负极

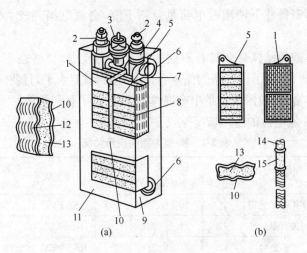

图 2-2　镍－镉电池的基本结构

(a)镍-镉电池的外形　(b)镍-镉电池的结构

1—正极板　2—接线柱　3—加液口盖　4—绝缘导管　5—负极板　6—吊架

7—单体电池连接条　8—极板骨架　9—绝缘层　10—镀镍薄钢板　11—壳体

12—通孔　13—活性物质　14—正极板导管　15—氢氧化镍

　　镍-镉电池在放电时,化学反应由左向右进行,而在充电时,化学反应由右向左进行。

　　在镍-镉电池充电和放电的过程中,电解液基本上不会被消耗。为了提高寿命和改善高温性能,通常在电解液中加入氧化锂。

　　3.镍-氢(Ni-MH)电池

　　(1)镍-氢电池的特点与应用

　　镍-氢电池是一种碱性电池,将是应用广泛的高能电池之一。镍-氢电池的比能量为 75～80W·h/kg,能量密度达到 200W·h/L,比功率为 160～230W/kg,功率密度为 400～600W/kg。充电 18min 可恢复 40%～80%的容量,应急补充充电性能好,一次充电后行驶里程长,而且起动加速性能较好。可以在环境温度为 -28～80℃条件下正常工作。循环寿命可达到 6000 次或 7 年。

但在高温条件下使用时电荷量急剧下降,自放电损耗较大,价格较贵。

不同的储氢合金具有不同的储存氢的能力,价格也不相同。我国自行研制了稀土系的储氢合金,已达到世界水平,且我国稀土储量丰富,为我国大批量生产镍-氢电池提供了有利条件。

镍-氢电池的应用情况见表 2-2。

表 2-2　镍-氢电池的应用情况

国家	生产厂家	单节电池电压/V	串联电池数量	电池组电压/V	电池容量/Ah	装用车型	一次充电行驶距离/km
美国	OVONIC 公司	12	20	240	100	SF-EV	272
	电能有限公司	12	21	252	20	Hybrid-EV	—
日本	丰田公司	24	24	288	95	RAV4-EV	215
	本田公司	12	24	288	95	Honda	210
	东北电力公司	12	20	120	125	WAVA-EV	150
		6	20	120	90	WAVA-EV	64~106
	松下	6	36	216	130	EV	140
中国	北京有色金属研究总院	12	20	120	100	DODGE-EV	121
		12	2	24	35	电动三轮车	60
		12	2	24	80	电动三轮车	120

(2)镍-氢电池的基本构造

镍-氢电池由正极、负极、隔膜纸、电解液、外壳、顶盖密封圈等组成,正极活性物质为氢氧化镍[$Ni(OH)_2$],负极活性物质为储氢合金,其外形通常有圆形和方形两种,如图 2-3 所示。圆形镍-氢电池的正负极用隔膜纸分开转绕在一起后密封在外壳中,方形镍-氢电池的正负极用隔膜纸分开后叠成层状密封在钢壳中。以氢氧化钾水溶液作为电解质。

每个单体电池的标称电压为 1.2V。一般将若干个单体电池连接成电池组,再将若干个电池组放入电池盒中,如图 2-4 所示。

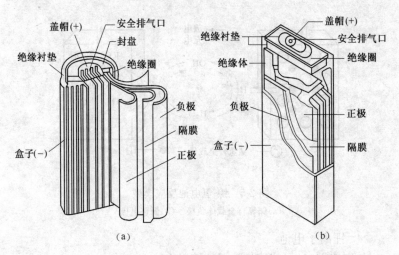

图 2-3 镍-氢单体电池的基本构造
(a)圆形电池 (b)方形电池

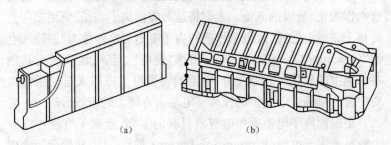

图 2-4 镍-氢电池组件
(a)电池组 (b)电池盒

(3)镍-氢(Ni-MH)电池的工作原理

镍-氢电池在金属铂的催化作用下,完成充电和放电的可逆反应。在电池充电过程中,水在电解质溶液中分解为氢离子和氢氧离子,氢离子被负极吸收,负极从金属转化为金属氢化物。在放电过程中,氢离子离开了负极,氢氧离子离开了正极,氢离子和氢氧离子在电解质(氢氧化钾)中结合成水并释放电能。

镍-氢电池反应模型如图 2-5 所示。

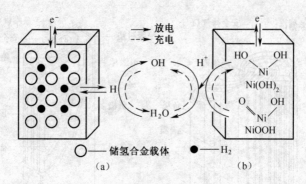

图 2-5 镍-氢电池反应模型

(a)储氢合金载体负极 (b)镍正电极

4. 锂离子电池

(1)锂离子电池的种类、特点及应用

锂离子电池是指分别用两个能可逆地嵌入与脱嵌锂离子的化合物作为正、负极的电池。人们将这种靠锂离子在正、负极之间的转移来完成电池充、放电工作的锂离子电池形象地称为"遥椅式电池"(Rocking Chair Batteries),俗称"锂电"。其电池反应无其他蓄电池中的氧化—还原反应,电池的容量可通过嵌入正极活性物质中锂的量确定。我国的锂离子电池占有较大的市场份额。

根据锂离子电池所用电解质材料的不同,锂离子电池可以分为液态锂离子电池(Lithium Ion Battery,简称 LIB)和聚合物锂离子电池(Polymer Lithium Ion Battery,简称 LIP)两大类,其主要区别见表 2-3。液态锂离子电池和聚合物锂离子电池所用的正、负极材料是相同的,工作原理也基本一致,但使用的电解质不同,液态锂离子电池使用的是液体电解质,而聚合物锂离子电池使用的是聚合物电解质。聚合物电解质实际上是将液态有机电解质吸附在一种聚合物基质上。聚合物电解质可分为聚合物固体电解质(Solid Polymer Electrolyte)、聚合物干态电解质(Dry Solid Polymer Electrolyte)和胶体电解质(Gel Polymer Electrolyte)。聚合物胶体电解质应用广泛,前景广阔,聚合物锂离子电池已被誉为下一代锂离子电池。

表 2-3　锂离子电池结构比较

电池种类	电解质	壳体/包装	隔膜	集流体
液态锂离子电池	液态	不锈钢、铝	$25\mu PE$	铜箔和铝箔
聚合物锂离子电池	胶体聚合物	铝/PP复合膜	没有隔膜或几个 μPE	铜箔和铝箔

1)液态锂离子电池主要有以下优点:

①能量密度高,为同等容量镍-氢电池的1.5～2倍。

②电压高,端电压为3.7V,为镍-氢电池电压的3倍。

③无污染,环保。

④循环寿命长,超过1000次。

⑤负载特性好,可以大电流连续放电,适合于动力电源。

⑥安全性好。

2)聚合物锂离子电池主要有以下优点:

①具有液态锂离子电池的优良性能。

②容易装配,可制成任意形状和尺寸的电池。

③整体电池很轻、很薄,可制成厚度仅为1mm的极薄电池,一只12V的电池组只有3mm厚。

④不存在游离电解质,电池可以在低压下工作,消除了漏液问题。

⑤电池结构可大大简化,不需要金属外壳和高压排气装置,不会产生燃烧、爆炸等安全问题。

⑥可以简化甚至取消充电保护装置。

⑦聚合物锂离子电池使用胶体电解质,不会发生液体电解液泄漏现象。外壳可以采用铝塑复合薄膜制造,因而,可以提高整个电池的比容量。质量比能量可比目前的液态锂离子电池提高50%以上。

⑧聚合物锂离子电池在工作电压、充放电循环寿命等方面都

比液态锂离子电池有所提高。

(2)锂离子电池的基本结构

锂离子电池由正极、负极、正极板、负极板、隔膜、电解质、外壳、顶盖和密封圈等组成。

方形锂离子电池如图 2-6 所示。

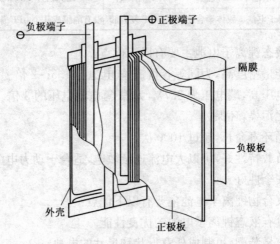

图 2-6　方形锂离子电池

圆柱形锂离子电池如图 2-7 所示。

①液态锂离子电池的基本结构:负极材料采用碳材料,主要有石墨、微珠碳、石油焦、碳纤维、裂解聚合和裂解碳等,其比容量高(200 ～ 400mAh/g),电极电势低(< 1.0V),循环效率高(>95%),循环寿命长。正极材料主要有 $LiCoO_2$、$LiNiO_2$、$LiMnO_2$、$LiMn_2O_4$ 等,其中,$LiCoO_2$ 正极材料被广泛应用,其可逆性、放电容量、充放电率、电压稳定性等性能均很好。电解质为液态电解质,其溶剂为无水有机物。隔膜采用聚烯微多孔膜,如 PE、PP或复合膜。外壳采用钢或铝材料,盖体组件具有防爆断电的功能。锂离子电池总成通常由若干个电池组组成,并带有电池管理ECU、安全开关、荷电量传感器、接线盒、冷却风扇和摇控显示

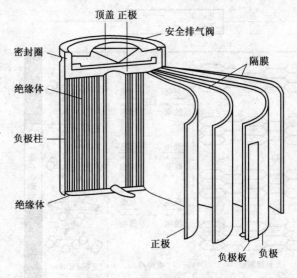

图 2-7 圆柱形锂离子电池

屏等。

②聚合物锂离子电池的基本结构:聚合物锂离子电池又称高分子锂电池,属第二代锂离子电池。聚合物锂离子电池由多层薄膜组成,第一层为金属箔集电极,第二层为负极,第三层为固体电解质,第四层为正极,第五层为绝缘层。负极采用高分子导电材料、聚乙炔、人造石墨、聚苯胺或聚对苯酚等。正极采用 $LiCoO_2$、$LiMn_2O_4$、$Li(CFSO_2)_2$ 和 $LiNiO_2$ 等。电解质为胶体电解质,如 $LiPF_6$、有机碳酸脂混合物等,

(3)锂离子电池的工作原理

锂离子电池的工作原理如图 2-8 所示。

充电时,Li^+ 的一部分会从正极中脱出,经过电解质嵌入到负极的碳层间去,形成层间化合物。放电时,则进行可逆反应。

$$正极 \quad CoO_2 + Li^+ + e \Longrightarrow LiCoO_2$$
$$负极 \quad C_6Li \Longrightarrow 6C + Li^+ + e$$

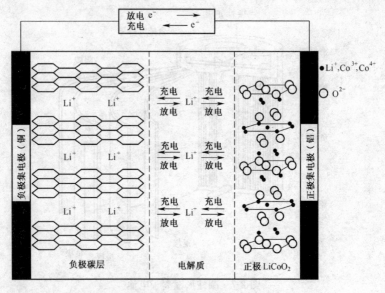

图 2-8　锂离子电池的反应模型

三、蓄电池的管理系统

1. 蓄电池管理系统的作用

蓄电池管理系统的作用是对电池的组合、安装、充电、放电、电池组中各个电池的不均衡性、电池的热管理和电池的维护等进行监控和管理,使蓄电池组能够提高工作效率,保证正常工作,并达到最佳状态,避免发生电池的过充电和过放电,有效延长电池的寿命,以及电池的安全管理和保洁等。

2. 蓄电池管理系统的主要内容

(1)电池技术性能的管理

不同类型和不同型号、不同使用程度的电池都具有不同的性能,包括电池的容量、工作电压、终止电压、质量、外形尺寸和电池特性(包括记忆特性)等,因此,要对动力电池组建立技术档案。实际上即使是同一型号、同一批量的电池,彼此之间由于制造原因、电解质的浓度差异和使用情况的不同,都会对整个动力电池组的性能带来影响,因此,在安装电池组之前,应对各个电池进行认真地检测,将性能差异不大的电池组成动力电池组。

(2)电池状态的管理

混合动力汽车的动力电池组由多个单节电池组成,其基本状态包括在充电和放电双向作用时的电压、电流、温度、SOC的比例等。在正常情况下动力电池组的电压、电流、温度、SOC的比例等应能够进行双向计量和显示。

由于多种原因,在动力电池组中个别电池会出现性能的改变,使得动力电池组在充电时不能充足,而在放电时很快地将电能放尽。这就要求电池管理系统应能够及时自动检测各个单节电池的状态,当检测出某节电池出现损坏状态时,及时进行报警,以便将"坏"电池剔出、更换。

(3)电池组合的管理

动力电池组需要将8~32节12V的单节电池串联起来(指铅酸蓄电池)或由更多单节电池串联而成(指其他电池),为了能够分别安装在混合动力汽车的不同位置,通常将动力电池组拆分为多个小的电池组分散地进行布置,这样有利于电池组的机械化安装、拆卸和检修。

在电池与电池、电池组与电池组之间需要用导线连接。当动力电池组的总电压较高时,导线的截面积比较小,有利于电线束的连接和固定,但高电压要求有更可靠地防护。当动力电池组的总电压较低时,则电流比较大,导线的截面积比较粗,安装较不方便。在各个电池组之间还需要安装连接导线将各个电池组串联起来,一般在电池组与电池组之间,装有手动或自动断电器,以便在安装、拆卸和检修时切断电流。另外,在电池管理系统中还有各种传感器线路等,因此在混合动力汽车上有尺寸很长的各种各样的电线束,要求电线之间有可靠的绝缘,并能快速进行连接。

(4)动力电池组的安全管理

动力电池组的总电压可以达到90~400V,高电压对人体会造成危害,应采取有效的隔离措施,一般是将动力电池组与车辆的乘坐区分离,将动力电池组布置在地板下面、后备箱或车架的两侧。在正常的情况下,车辆停止使用时会自动切断电源,只有混合动力汽车起动时才接通电源。当混合动力汽车发生碰撞或倾覆时,电池管理系统应能立即切断电源,防止发生高压电引起的人身事故和火灾,并防止电解液造成伤害,以保证人身安全。

(5)电池的热管理

混合动力汽车上使用的动力电池组在工作时都会有发热现象,不同蓄电池的发热程度各不相同。有的蓄电池采用自然通风即可满足电池组的散热要求,但有的蓄电池则必须采取强制通风来进行冷却,才能保证电池组正常工作并延长蓄电池的寿命。另外,在混合动力汽车上,由于动力电池组的各个蓄电池或各个分电池组布置在车辆不同的位置上,各处的散热条件和周围环境都不同,这些差别也会对蓄电池充、放电性能和蓄电池的使用寿命造成影响。为了保证每个蓄电池都能有良好的散热条件和环境,将混合动力汽车的动力电池组装在一个强制冷却系统中,使各个蓄电池的温度保持一致或相接近,并且使各个蓄电池的周边环境条件相似。

根据动力电池组在车辆上的布置,动力电池组的温度管理系统中,首先应合理安排动力电池组的支架,要求动力电池组或其分组能够便于安装,能够实现机械化装卸,便于各种电线束的连接。在动力电池组的支架位置和形状确定后设计通风管道、风扇、动力电池组 ECU 和温度传感器等。

混合动力汽车上水平布置的温度管理系统如图 2-9 所示。

垂直布置的温度管理系统如图 2-10 所示。

在某些蓄电池工作时,会产生较高的温度,可以充分利用其产生的热量用于取暖和挡风玻璃除霜等,使热量得到管理与应用。

3. 蓄电池管理系统的组成

动力电池组管理系统要承担动力电池组的全面管理,一方面

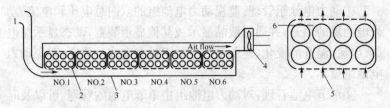

图 2-9　动力电池组水平式冷却系统
1—空气吸入管道　2—电池组　3—支架
4—冷却风扇　5—冷却气流　6—温度传感器

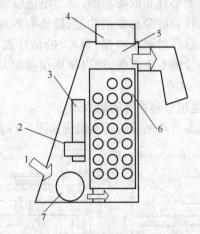

图 2-10　动力电池组垂直式冷却系统
1—空气吸入　2—温度传感器　3—电池组 ECU　4—充电器
5—通风箱　6—电池组　7—风扇

保证动力电池组的正常运作,显示动力电池组的动态响应并及时报警,使驾驶员随时掌握动力电池组的情况;另一方面要对人身和车辆进行安全保护,避免产生由电池引起的各种事故。

(1)动力电池组管理系统的基本功能

动力电池组管理系统一般采用先进的微处理器进行控制,通过标准通信接口和控制模块对动力电池组进行管理,一般有以下几方面:

①动力电池组管理:监视动力电池组的双向总电压和电流、动力电池组的温升,并通过液晶显示或其他显示装置,动态显示总电压、电流、温升的变化,避免动力电池组过充电或过放电,避免动力电池组损坏。

②单节电池管理:对动力电池组中单节电池的管理,可以及时发现单节电池的电状态,对单节电池的动态电压和温度的变化进行实时测量,以便及时发现单节电池存在的问题,并采取有效的预防措施。

③剩余电量的估计和故障诊断:动力电池组管理系统应具有对剩余电量的估计和故障诊断的功能,能够有效地反映和显示剩余电量(SOC)。目前对剩余电量(SOC)的估计误差一般在 10% 左右。配备故障诊断专家系统,可以早期预报动力电池组的故障和隐患。

(2)动力电池组管理系统的组成

①动力电池组管理系统的基本组成如图 2-11 所示。

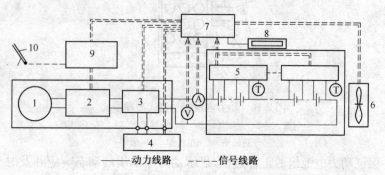

———动力线路　－－－－信号线路

图 2-11　动力电池组管理系统的基本组成示意图

1—电动机　2—变频器(逆变器)　3—继电器盒　4—充电器　5—动力电池组
6—冷却风扇　7—动力电池组管理系统　8—剩余电量 SOC(里程)显示器
9—车辆中央控制器　10—驾驶员操纵信号输入
V. 电压表　A. 电流表　T. 温度表

②带温度测量装置的动力电池组管理系统的基本组成:图 2-

12 所示为带有温度测量装置的动力电池组管理系统的基本组成。它利用损坏的电池在充电过程中的温度高于正常电池温度的原理,用温度传感器来测定和监控每一个电池在充电过程中的温度是否在允许的范围内。如果发现某个电池的温度处于不正常状态,剩余电量(SOC)显示也不正常时,即刻向动力电池组管理系统反馈某个电池在线的响应信息,并由故障诊断系统预报动力电池组的故障。

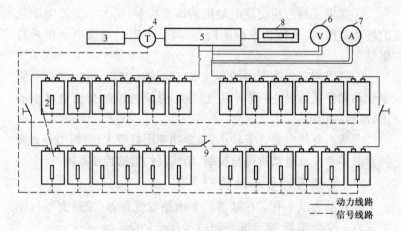

图 2-12　带温度测量装置的动力电池组管理系统的基本组成
1—动力电池组　2—温度传感器　3—故障诊断仪　4—温度表
5—动力电池组管理系统　6—电压表　7—电流表
8—剩余电量 SOC(里程)显示器　9—断路器

第二节　混合动力系统的变频器

一、变频器的作用

　　变频器将直流电变换为频率和幅值可调,以及电压可调的交流电。混合动力汽车的动力电池组为直流电源,而采用三相交流电动机作为驱动电动机时,三相交流电动机不能直接使用直流电源。另外,三相交流电动机具有非线性输出特性,需要使用变频器中的功率半导体变换器来实现直流电源与三相交流电动机之间电流的传输和变换,并要求能够实现频率调节,在所调节的频率范围内保持功率的连续输出,同时实现电压的调节,能够在恒定转矩范围内维持气隙磁通恒定。

采用变频器对三相交流电动机进行控制具有以下几个特点:

①实现了对三相交流电动机的调速控制,扩大了交流电动机的转速范围;实现恒功率范围内的运转;可以对交流电动机进行驱动。

②可以实现大范围内的高效率连续调速控制;可以进行高频率起动和停止运转,并进行电气制动;可快速控制交流电动机的正、反转的切换。

③所需要的电源容量较小,电源功率因数较大;可以用一台变频器对多台交流电动机进行控制,组成高性能的控制系统。

二、变频器的基本结构形式

混合动力汽车有三种基本功率电路的变频器(或逆变器),即交—直—交变频器、交—交变频器和直—交变频器。

1. 交—直—交变频器

在有 220/380V 交流电源处,一般采用交—直—交变频器,其基本功率电路如图 2-13 所示。

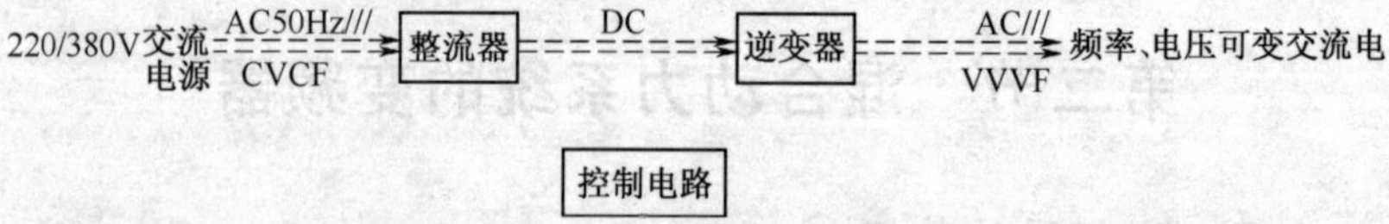

220/380V交流　AC50Hz///　整流器　DC　逆变器　AC///　频率、电压可变交流电
电源　CVCF　　　　　　　　　　　　　　　VVVF

控制电路

图 2-13　交—直—交变频器的基本功率电路示意图

2. 交—交变频器

在有 220/380V 交流电源处,还可以采用交—交变频器,其基本功率电路如图 2-14 所示。

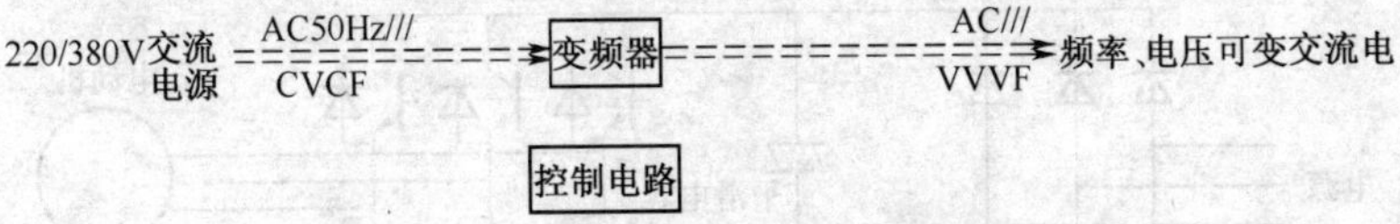

220/380V交流电源 =====AC50Hz/// CVCF===== | 变频器 | =====AC/// VVVF=====➤ 频率、电压可变交流电

控制电路

图 2-14　交—交变频器的基本功率电路

3. 直—交变频器

有直流动力电池组电源时，采用直—交变频器，其基本功率电路如图 2-15 所示。

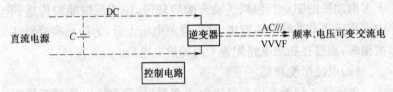

直流电源 ----DC----➤　C | 逆变器 | =====AC/// VVVF=====➤ 频率、电压可变交流电

控制电路

图 2-15　直—交变频器的基本功率电路

三、变频器的种类

变频器(或逆变器)都采用现代控制技术或智能控制，使它们在多种电动机的控制上得到广泛应用。变频器有多种结构形式和多种应用场合，为了对变频器有一个较完整地了解，对变频器进行分类。

1. 按主要功率电路分

变频器按主要功率电路分为电压型变频器和电流型变频器。

（1）电压型变频器

电压型变频器又称为电压源逆变器。最简单的电压型变频器由可控整流和电压型逆变器组成，用可控硅整流器调压，逆变器调频，其主要功率电路结构形式如图 2-16 所示。电压型变频器的三相逆变电路是由六个具有单向导电性的功率半导体开关所组成的，每个功率开关上反并联一个续流二极管，六个功率开关每隔60°电角度触发导通一次。

电源电流经过整流器整流为直流电，在中间直流电环节并联大电容滤波，使得中间直流电源近似恒压源和低阻抗。经过逆变

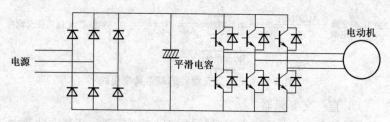

图 2-16　电压型变频器基本电路

器输出的交流电压,具有电压源性质,不受负载性质的影响,适合于多电动机的驱动。但调速动态响应较慢,由于反馈能量传送到中间直流环节并联的电容中,使得直流电压上升,为防止换流器件被损坏,需要在功率电路配置专门的放电电路。

(2)电流型变频器

电流型变频器又称为电流源逆变器,最简单的电流型变频器也是由可控整流器和电流逆变器组成的,用可控硅整流器调压,逆变器调频,其主要功率电路结构形式如图 2-17 所示。电流型变频器的三相逆变电路仍然是由六个具有单向导电性的功率半导体开关所组成的,但在每个功率开关上没有反并联续流二极管。

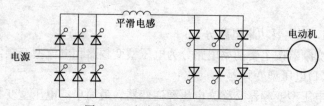

图 2-17　电流型变频器基本电路

电源电流经过整流器整流为直流电,在中间直流电环节串联的大容量电感起限流作用,使得中间直流电波形平滑输出,逆变器向负载输出的交流电流为不受负载影响的矩形波,具有电流源性质。电流型变频器调速动态响应快,可以实现正、反转动,并便于反馈制动。

在电动机制动时,可以通过中间直流电环节电压反向的方式使整流电路变为逆变电路,将负载反馈的能量回馈给电源,而且在负载短路时比较容易处理,更适合于电动车辆应用。

2. 按开关方式分

变频器按开关方式(变频器中逆变器开关方式),可分为脉冲振幅调制(PAM)控制变频器、脉冲宽度调制(PWM)控制变频器和高载频脉冲宽度调制变频器。

(1)脉冲振幅调制(PAM)控制变频器

脉冲振幅调制控制是指在变频器整流电路中对输出电压(电流)的幅值进行控制,以及在变频器逆变电路中对输出的频率进行控制的控制方式。电压型脉冲振幅调制控制基本电路如图 2-18 所示。

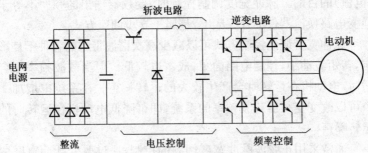

图 2-18　电压型脉冲振幅调制控制基本电路

在脉冲振幅调制控制时,逆变器换流器件的开关频率(载波频率)即是变频器的输出频率,是一种同步调速方式。

脉冲振幅调制控制的载波频率比较低,在用脉冲振幅调制控制进行调速驱动时,电动机的运转效率高,噪声较低。但脉冲振幅调制控制,必须对整流电路和逆变器电路同时进行控制,控制电路比较复杂。另外,在电动机低速运转时波动比较大。

(2)脉冲宽度调制(PWM)控制变频器

脉冲宽度调制控制是指在变频器的逆变电路中,同时对输出电压(电流)的幅值和频率进行控制的控制方式。电压型脉冲宽度调制控制基本电路如图 2-19 所示。

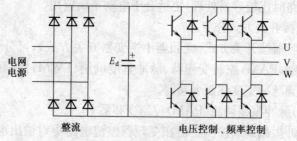

图 2-19   电压型脉冲宽度调制控制基本电路

在脉冲宽度调制控制时,以较高的频率对逆变电路的半导体开关器件进行开闭,并通过改变输出脉冲的宽度来实现控制电压(电流)的目的。脉冲宽度调制控制时,变频器输出的频率不等于逆变电路换流器件的开关频率,是属于异步调速方式。

脉冲宽度调制控制方式可以减少高次谐波带来的各种不良影响,转矩波动小,控制电路简单,成本也较低。但当载波频率不合适时,电动机在运转时会产生较大的运转噪声。在系统中增加一个可以改变变频器载波频率的系统,即可降低电动机在运转时的运转噪声。

通常采用正弦波脉冲宽度调制的控制,通过改变脉冲宽度调制输出的脉冲宽度,使电压的平均值接近于正弦波,可以使异步电动机在进行调速运转时能够更加平稳。

(3)高载频脉冲宽度调制控制变频器

高载频脉冲宽度调制控制是脉冲宽度调制控制方式的改进。在高载频脉冲宽度调制控制方式中,将载频的频率提高到超过人耳可以听到的频率(10~20kHz)以上,从而降低电动机运转的噪声。

由于高载频脉冲宽度调制要求逆变器的换流器件有高的开关速度,因此只能采用 IGBT 和 MOSFET 等有较大容量的半导体元器件,但变频器的容量还是受到限制。高载频脉冲宽度调制控制时,变频器输出的频率不等于逆变电路换流器件的开关频率,是属于异步调速方式。高载频脉冲宽度调制控制方式主要用于低噪声型变频器。

3. 按工作原理分

变频器按工作原理分为电压/频率比(V/f)变频器、转差率控制变频器和矢量控制变频器。

(1)电压/频率比变频器

电压/频率比变频器在工作时对变频器的电压和频率同时进行控制,使电压/频率比保持一定来获得电动机所需要的转矩。电压/频率比控制方式是一种比较简单的控制方式,多用于精度要求不太高的通用变频器中,控制电路的成本也比较低。

(2)转差率控制变频器

转差率控制变频器是电压/频率比变频器的改进。转差率控制变频器利用装在电动机上的速度传感器的速度闭环控制和变频器电脉冲控制对电动机的实际转速进行控制。变频器的输出功率则是根据电动机的实际转速与所需要转差频率而自动设定的,从而达到在进行速度调控的同时控制电动机输出转矩的目的。在负载发生较大变化时,仍然可以保持较高的速度精度和较好的转矩特性。

(3)矢量控制变频器

矢量控制变频器将交流电动机定子电流矢量,按矢量变换规律由三相变为两相,将静止坐标转换为旋转坐标,把交流电动机定子电流矢量分为产生磁场的励磁电流分量和与其相垂直的产生转矩的转矩电流分量,同时对定子电流的幅值和相位进行控制,也就是对定子电流矢量的控制。

矢量控制方式可以对交流电动机进行高性能的控制,采用矢量控制方式不仅使交流电动机在调速范围可以达到直流电动机的水平,而且可以控制交流电动机产生的转矩。矢量控制方式一般需要准确地掌握所控制的电动机的性能参数,因此需要变频器与专用电动机配套使用。新型矢量控制方式增加了自调整功能,自调整矢量控制方式在电动机正常运转之前,自动对电动机的运转参数进行辨认,并根据辨认情况调整和控制计算中的有关参数,使得自调整矢量控制方式能够应用到普通交流电动机上。

4. 按用途分

变频器按用途分为通用变频器、高频变频器和高性能专用变频器。

(1)通用变频器

通用变频器可以对普通交流电动机进行控制。简易型通用变频器主要用于对调速性能要求不高的场合,高性能通用变频器在控制系统硬件和软件方面增加了相应的功能,可以根据电动机负载的特性选择算法和对变频器的参数进行设定。

通用变频器的内部结构如图 2-20 所示。

通用变频器具有以下功能:

①对电动机具有全区域、自动转矩补偿功能,防止失速和过转矩限定运行功能。

②对带励磁释放型制动器电动机进行可靠地驱动和调速控制,并保证在带励磁释放型制动器电动机的制动器能够可靠释放。

③减少机械振动和降低冲击作用的功能。

④运转状态检测显示功能,根据设定机械运行的互锁,使操作人员及时了解和控制变频器的运行状态,对机械进行保护。

(2)高频变频器

对于高速电动机,用脉冲振幅调制控制方式控制的高速电动机用变频器,其输出的频率可达到 3kHz,在驱动两极交流电动机时,最高转速可达到 18000r/min。

(3)高性能专用变频器

高性能专用变频器通常采用矢量控制方式,并与专用电动机配套使用,在调速性能和对转矩的控制方面都超过了直流伺服系统,而且能够满足特定电动机的需要。在混合动力汽车上都采用

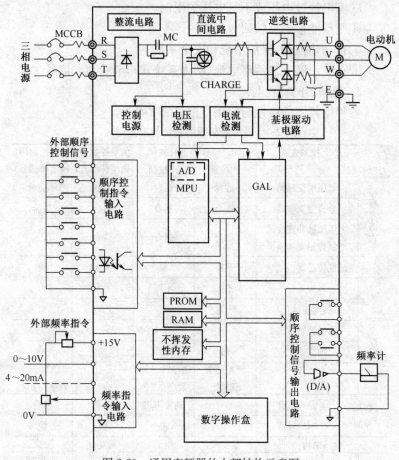

图 2-20　通用变频器的内部结构示意图

高性能专用变频器进行控制。

　　高性能专用变频器的主要功能如下：

　　①根据驾驶操纵输入的信号和传感器反馈的信号自动调节与控制电动机的转速和转矩。

　　②在恒转矩范围和恒功率的大范围内对电动机的转速和转矩进行调节与控制。

③蓄电池过电压或不足电压的限制。

④制动能量的反馈回收。

⑤自动热控制、保护系统和安全系统。

⑥在显示屏上显示蓄电池、动力系统和车辆的动态信号。

5. 变频器的特性与应用

各种变频器的特性与应用范围见表 2-4。

表 2-4　各种变频器的特性与应用对比

比较项目	控制方式	电压/频率比控制	转差频率控制	矢量控制(无速度传感器)	矢量控制(有速度传感器)
变频器形式	电压型变频器	适合	适合	不适合	不适合
	电流型变频器	适合	适合	适合	适合
	电压型脉冲宽度调制控制变频器	适合	适合	适合	适合
速度控制	速度传感器	不要	要	不要	要
	零速运行	不可	不可	不可	可
	极低速运行	不可	可	不可	可
	速度控制范围	1∶0～1∶12	1∶20～1∶50	1∶20～1∶50	1∶1000
	响应速度	慢	较快	快	快
	定常精度	转差随负载转矩	模拟 0.1%　数字 0.1%	0.5%	模拟 0.1%　数字 0.01%
转矩控制	是否适合	不可	通常不用	适合	适合
	响应速度		慢	快	快
	电路结构	最简单	简单	最复杂	复杂
特征	优点	结构简单,容易调整,可以用于普通电动机	加减速和定常特性优于电压/频率比控制	可以进行转矩控制,不需要量转速检测器,转矩响应速度快	转矩性能控制好,转矩响应速度快,速度控制范围宽
	缺点	低速时难以保证转矩,不能进行转矩控制,急加速和负载突增时将发生失速	需要设定转差频率,需要高精度的转速检测器	需要正确设定电动机参数	需要正确设定电动机参数,需要高精度的转速检测器

第三节　混合动力系统的电动机

一、电动机的使用特点

混合动力汽车以电动机作为辅助动力,其工作条件以及工作模式与普通电动机有很大的区别,一般具有以下特点:

(1)频繁切换性能好

混合动力汽车所使用的电动机往往要求频繁起停、频繁加减速以及工作模式的频繁切换(作为驱动汽车使用与作为发电机使用,实现能量回收及发电的功能),这对电动机的响应性能提出了更高的要求。

(2)比功率大、体积较小

由于汽车内部空间限制,往往要求电动机体积小、质量轻,以及具有较高的功率密度和工作效率等。

(3)抗震性、抗干扰性好

相对于普通电动机而言,混合动力汽车所使用电动机的工作环境恶劣、干扰更大,从而要求它具有更高的可靠性、抗震性和抗干扰性。

(4)高效工作范围宽、容错能力强、噪声小

普通电动机一般在额定功率附近工作,而混合动力汽车的电动机工作范围相对较宽,且由于混合动力汽车的电动机工作模式的特殊性(电动机的工况经常处于动态变化中),额定功率对于混合动力汽车所使用的电动机而言,没有特别大的意义,对其额定功率的要求并不严格,而高效工作区间则更为实际和重要。

(5)使用较高的电压

在供电方式上,普通电动机由常规标准电源供电,而混合动力汽车的电动机所使用的电能来源于蓄电池,且由功率转化器直接供给。另外,电动机的使用电压及形式并不确定,从减少功率损耗及降低电动机变频器成本的角度而言,一般倾向于使用较高的

电压。

二、对电动机性能的基本要求

混合动力汽车的电动机主要参数为:电动机类型、额定电压、机械特性、效率、尺寸参数、质量参数、可靠性和成本等。另外,为电动机所配置的电子控制系统和驱动系统,也会影响电动机的性能。

(1)电压高

在允许的范围内,尽可能采用高电压,从而可以减小电动机和导线等装备的尺寸,特别是可以降低逆变器的成本。

(2)转速高

感应电动机的转速可以达到 8000～12000r/min,高转速电动机的体积较小,质量较轻,有利于降低混合动力汽车整车的装备质量。

(3)质量轻

电动机采用铝合金外壳,以降低电动机的质量,各种控制装置的质量和冷却系统的质量等也要求尽可能轻。

(4)起动转矩和调速范围较大

电动机应具有较大的起动转矩和较大范围的调速性能,使混合动力汽车有良好的起动性能和加速性能,以获得所需要的起动、加速、行驶、减速、制动等的功率与转矩。电动机具有自动调速功能,因此,可以减轻驾驶员的操纵强度,提高驾驶的舒适性,并且能够达到与内燃机汽车加速踏板同样的控制响应。

(5)高效率、低损耗

混合动力汽车应有最优化的能量利用,电动机应高效率、低损耗,并在车辆减速时,实现再生制动将制动能量回收,再生制动回收的能量一般可达到总能量的 10%～15%,这点在内燃机汽车上是不能实现的。

(6)安全保护

各种动力电池组和电动机的工作电压,可以达到 300V 以上,对电气系统安全性和控制系统的安全性,都必须符合国家(或国际)有关车辆电气控制安全性能的标准和规定,装备有高压保护设备。

(7)其他

电动机还要求可靠性好,耐温和耐潮性能强,运行时噪声低,能够在较恶劣的环境下长时期工作,结构简单,适合大批量生产,使用维修方便、价格便宜等。

三、电动机的分类

电动机的种类很多,用途广泛,功率的覆盖面大,而混合动力汽车的电动机种类较少,功率覆盖面也较窄,只采用了一些符合混合动力汽车要求的电动机来作为驱动电动机。

混合动力汽车在不同时期采用了不同的电动机,最早采用了控制性能好和成本较低的直流电动机。随着电子技术、机械制造技术和自动控制技术的发展,交流电动机、永磁电动机和开关磁组电动机显示出比直流电动机更优越的性能,这些电动机正在逐步取代直流电动机。

混合动力汽车的电动机分类如图 2-21 所示。

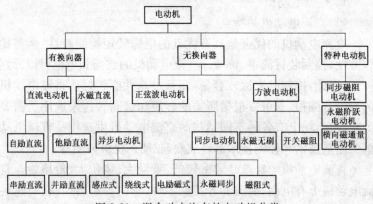

图 2-21 混合动力汽车的电动机分类

混合动力汽车的电动机基本性能对比见表 2-5。

表 2-5　混合动力汽车的电动机基本性能对比

项　目	直流电动机	交流电动机	永磁电动机	开关磁阻电动机
功率密度	低	中	高	较高
过载能力(%)	200	300～500	300	300～500
峰值效率(%)	85～89	94～95	95～97	90
负荷效率(%)	80～87	90～92	85～97	78～86
功率因数(%)	—	82～85	90～93	60～65
恒功率区	—	1∶5	1∶2.25	1∶3
转速范围/(r/min)	4000～6000	12000～20000	4000～10000	＞15000
可靠性	一般	好	优良	好
结构的坚固性	差	好	一般	优良
电动机外形尺寸	大	中	小	小
电动机质量	重	中	轻	轻
控制操作性能	最好	好	好	好
控制器成本	低	高	高	一般

四、常用电动机

1. 直流电动机

(1)直流电动机的特点

直流电动机的优点是具有优良的电磁转矩控制特性,调整比较方便,控制装置简单、价廉。直流电动机的磁场和电枢可以分别控制,因此,控制起来比较容易,而且控制性能较好。直流电动机的容量范围很广,可以根据所需的转矩和最高转速来选用所需要的容量,市场上有各种不同结构的直流电动机供选用。直流电动机的制造技术和控制技术都较成熟,驱动系统价格便宜。

直流电动机的缺点是效率较低、重量大、体积大、价格贵。直流电动机上有电刷、换向器等接触零件,它们容易磨损;在高速旋转时电刷与换向器之间会产生火花,严重时形成"环火",限制了直流电动机转速的提高;直流电动机相对于其他电动机,结构较复杂,体积较庞大,也较笨重,对使用环境要求高,可靠性较差,价格高,要经常修理。

（2）直流电动机的基本结构

直流电动机的基本结构如图 2-22 所示。磁极用来产生磁场,可以是永磁的,也可以是励磁的。电枢用来产生转矩。

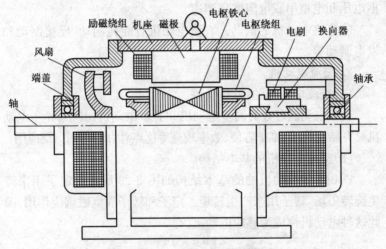

图 2-22　直流电动机的基本结构

（3）直流电动机的工作特性

①他励直流电动机。他励直流电动机能够分别控制励磁电流和电枢电流,来实现对他励直流电动机的控制。他励直流电动机具有线性特性和稳定输出特性,可以扩大其调整范围,能够实现在减速和制动时的再生制动,回收一部分能量。

②串励直流电动机。串励直流电动机的励磁电流和电枢电流相等,能获得每单位电流的最高转矩,起动转矩大,有较好的起动特性,以及较宽的恒功率调速范围,有利于提高混合动力汽车的动力性能。

（4）直流电动机的控制方法

①直流电动机的起动。直流电动机直接起动时的起动电流很

大,达到额定电流的10~20倍,必须在电枢电路中串接起动电阻,以限制起动电流,使起动电流不超过额定电流的1.5~2.5倍。直流电动机起动时,起动电阻将调至最大,待起动后,随着直流电动机转速上升,起动电阻将逐渐减小。

②直流电动机的调速。直流电动机可通过改变磁极磁通、电枢电压和电枢串联电阻实现调速。

③直流电动机的制动。直流电动机有能耗制动、反接制动和发电制动等。

2. 交流电动机

(1)交流电动机的特点

交流电动机可分为同步电动机和异步电动机,其中,异步电动机具有结构简单、维护方便、效率较高等优点,因此,得到广泛应用。

(2)交流电动机的基本结构

三相异步电动机的的基本结构如图 2-23 所示。定子用来产生旋转磁场,转子用来产生转矩。定子和转子靠电磁感应作用,因此这种电动机称成为感应电动机。

图 2-23　三相异步电动机的基本结构

三相异步电动机有笼型异步感应电动机和绕线式异步感应电动机。三相异步笼型感应电动机的应用最广泛,其功率容量很大,转速高、冷却自由度高,对环境的适应性好,能够实现再生制动,且结构简单、运行可靠、经久耐用、价格低廉、维修方便。

(3)交流电动机的工作特性

三相异步电动机的起动电流大约为额定电流的5~7倍,起动电流大大地超过了额定电流。由于三相异步电动机的起动时间很短(约3s),且起动后转速迅速提高,电流会很快减小,不会引起过热。如果三相异步电动机起动转矩过小,就不能在满载下起动,而起动转矩过大,就会对传动齿轮造成冲击。因此可以在空载条件下起动,从而解决这一问题。

(4)交流电动机的控制方法

三相异步电动机不能直接使用直流电源,而是使用逆变器将直流电变换为频率和幅值都可以调节的交流电来对电动机进行控制。

3.永磁电动机

(1)永磁电动机的特点

永磁电动机使用永磁体,不用励磁,从而省去了励磁功率。永磁电动机具有较高的功率/质量比,比其他类型的电动机有更高的工作频率,更大的输出转矩。电动机的动态特性好,电动机的极限转速和制动性能等都优于其他类型的电动机。永磁式电动机定子绕组是主要的发热源,其冷却系统比较简单。永磁电动机具有高效节能、功率因数高、结构简单、便于维护、调速精度高等优点。但永磁电动机需要采用磁场控制技术,这使得永磁电动机的控制系统变得复杂,增加了成本。

(2)永磁电动机的基本结构

永磁电动机有永磁无刷直流电动机和永磁同步电动机两种。这两种永磁电动机在结构上和工作原理上大致相同,转子都是永久磁铁,定子通过对称交流电来产生转矩,定子电枢多采用整矩集中绕组。

　　永磁同步电动机的基本结构如图 2-24 所示。转子是关键部件之一，转子采用径向永久磁铁制成磁极，永磁体在转子上的安装位置有表面式(凸出式和插入式)和内置式。定子通常为三相对称绕组。

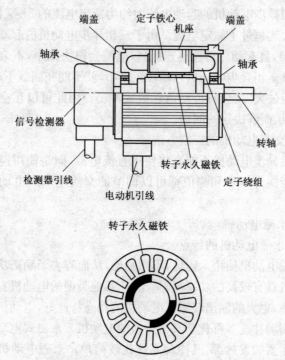

图 2-24　永磁同步电动机的基本结构

　　(3)永磁电动机的工作特性

　　永磁同步电动机在额定转速以下恒转矩运转时，调速范围增大，能够实现反馈制动。

　　(4)永磁电动机的控制方法

　　永磁同步电动机采用带有矢量变换电路的逆变器来控制。逆变器的作用是将直流电经过脉宽调制变为频率可变及电压也可变的交流电,电压波形有正弦波或方波,为永磁同步电动机提供三相交流电,使永磁同步电动机产生恒定的转矩和调速控制。

4. 开关磁阻电动机

(1)开关磁阻电动机的特点

开关磁阻电动机(SRM)是一种新型电动机。转矩—转速特性好,在较宽的转速范围内,转矩、转速可灵活控制。调速控制简单,并可实现四象限运行。有较高的起动转矩和较低的起动效率。功率密度高,结构简单坚固,可靠性好。但转矩脉动大,控制系统较复杂,工作噪声大,体积比同样功率的感应电动机要大一些。

(2)开关磁阻电动机的基本结构

开关磁阻电动机的定子和转子采用凸极结构,都是由硅钢片叠片组成的,开关磁阻电动机的定子和转子极数不同,有多种组合方式,最常见的为四相8/6结构和三相6/4结构。三相开关磁阻电动机的定子上有6个凸极,转子上有4个凸极。四相开关磁阻电动机的定子上有8个凸极,转子上有6个凸极。在定子相对称的两个凸极上的集中绕组互相串联,构成一相,但在转子上没有任何绕组。因此,定子上有6个凸极的为三相开关磁阻电动机,定子上有8个凸极的为四相开关磁阻电动机,以此类推。由于开关磁阻电动机的定子凸极数量不同,形成不同极数的开关磁阻电动机。

开关磁阻电动机的基本结构如图2-25所示。

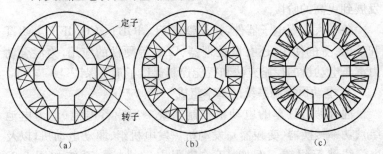

图2-25　开关磁阻电动机的基本结构

(a)三相6/4凸极　(b)四相8/6凸极　(c)三相12/8凸极

（3）开关磁阻电动机的工作特性

开关磁阻电动机一般运行在恒转矩和恒功率区，在这两个区域中，电动机的实际运行特性可控。在串励特性区，电动机的可控条件已达到极限，电动机的运行特性不再可控，电动机呈现自然串励运行特性，电动机一般不会运行在此区域。

（4）开关磁阻电动机的控制方法

功率转换器将电源电压转换为开关磁阻电动机所需要的电压，由开关磁阻电动机将电能转变成机械能。

五、电动机的控制

1. 电动机控制技术的应用

在混合动力汽车上采用电源—电源转换器—电动机的电力驱动系统。混合动力汽车的关键技术之一就是对电动机的控制。

混合动力汽车的电动机有多种控制模式，如 VVVF、FOC、MEAC、STCVSC 等。但对混合动力汽车的电动机要求能够在恒转矩和恒功率的宽大区域内运转，如在 0~1200r/min 的高转速范围内运转，要求保持高效率并实现四象限运转。

感应电动机多采用矢量控制（FOC）等，是一种比较好的控制方法。近年来发展起来的变结构控制（VSC）、模糊控制（Fuzzy）、神经元网络控制（Neural Networks）和专家系统控制（Expert System）等控制理论和控制方法，使得各种电动机的驱动和控制技术发展到更高的阶段。

各种大功率电子器件，如 MOSFET、IGBT、COMFET、MCT 和 STT 等的使用，还有微处理器、DSP 等硬件的应用，为混合动力汽车电动机的控制方法和智能控制提供了重要保证。

2. 电动机控制系统的基本组成

混合动力汽车的电动机控制系统一般由蓄电池（动力电池组）、功率转换器（变频器）、发动机—发电机组、驱动电动机，以及电气线路等组成。例如，开关磁阻电动机控制系统如图 2-26 所示。

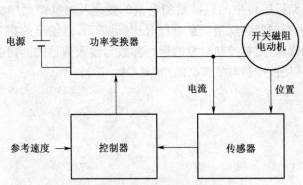

图 2-26　开关磁阻电动机控制系统示意图

混合动力汽车的电动机控制系统的工作模式:信号输入—信号处理和输出—执行元件运行—信息反馈。

(1)信号输入

混合动力汽车主要输入信号来自驾驶员对加速踏板的位移量,以及由电动机反馈信号和监测装置反馈信号,信号经过接口输入到控制器中。

(2)信号处理和输出

控制器的核心为中央控制器,在中央控制器中装有测量元件、乘法器、比较元件、逻辑控制单元、数据库等电子器件,对输入信号进行快速、精确地运算,并产生相应的偏差信号。将运算得出的微弱偏差信号,经过放大元件进行放大或变换,使输出指令的偏差信号足够大,然后通过输出接口输送到执行元件。

(3)执行元件运行

控制模块和各种执行机构是控制系统的执行元件,根据放大元件所放大或变换的偏差信号,控制模块和各种执行机构对被控制对象发出控制指令,使被控制对象按照规定的指令(参数)运行。

(4)信息反馈

电动机运转监测装置上的传感器,对电动机的运转进行监测,并将电动机运转中的机械量和电量的变化及时反馈到中央控制器，中央控制器将反馈信息进行对比、运算后，对输出的指令进行调整和修改，使被控制对象的运行参数与输入信号的给定值趋向一致，并使被控制对象按新的指令（参数）运行。

第三章 混合动力汽车的结构与使用

第一节 丰田普锐斯混合动力系统

丰田汽车公司于 1997 年开始销售普锐斯(Prius)混合动力汽车,它是世界上第一款大批量生产的混合动力车型。丰田公司自行开发的混合动力系统,即 THS(Toyota Hybrid System),用行星齿轮动力组合器协调发动机和电动机的动力传递,以汽油机和电动机两种动力混联(串联与并联相结合)的方式进行工作。2003 年,丰田汽车公司又推出了采用 THS-II(第二代丰田混合动力系统)的新一代普锐斯汽车,使混合动力汽车的发展向前迈进了一大步。

一、混合动力系统的基本组成

丰田普锐斯混合动力系统的基本组成如图 3-1 所示。

丰田普锐斯混合动力系统的布置如图 3-2~图 3-5 所示。

1. 发电机(MG1)

发电机(MG1)由发动机带动旋转产生高压电,为电动机(MG2)供电或为 HV 蓄电池充电。同时,它还可以作为起动机起动发动机。

2. 电动机(MG2)

电动机(MG2)由来自发电机(MG1)或 HV 蓄电池的电能驱动,产生车辆行驶动力,以及制动期间或制动踏板未被踩下时产生电能为 HV 蓄电池再次充电(再生制动控制)。

3. HV 蓄电池

HV 蓄电池在车辆起步、加速和上坡时,将制动或制动踏板未被踩下时再次充入的电能提供给电动机(MG2)。

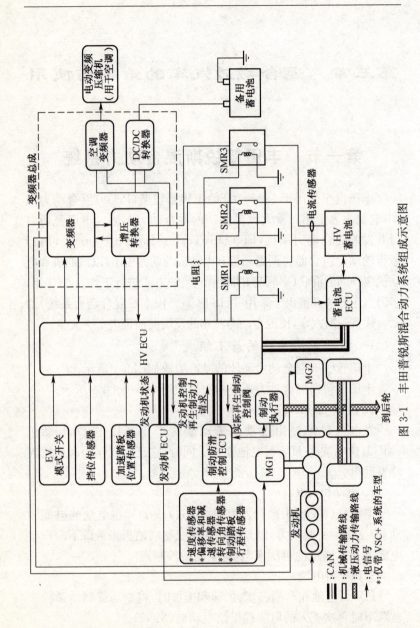

图 3-1　丰田普锐斯混合动力系统组成示意图

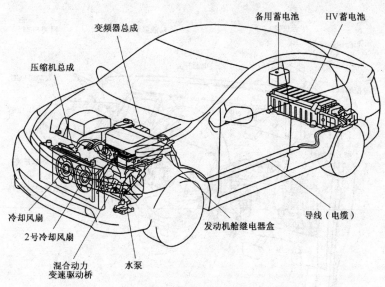

图 3-2　丰田普锐斯混合动力系统的布置(一)

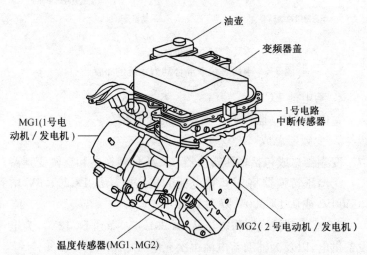

图 3-3　丰田普锐斯混合动力系统的布置(二)

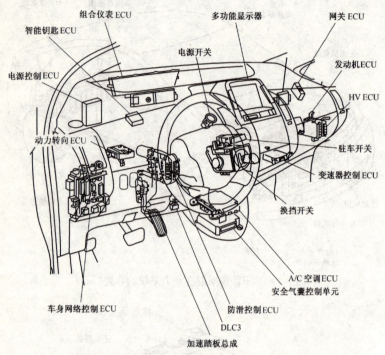

图 3-4　丰田普锐斯混合动力系统的布置(三)

4. 蓄电池 ECU

蓄电池 ECU 监控 HV 蓄电池的充电状态。

5. 变频器总成

变频器总成包括增压转换器、DC/DC 转换器和空调变频器。

①增压转换器将 HV 蓄电池的最高电压从 DC201.6V 增到 DC500V,或从 DC500V 降到 DC201.6V。

②DC/DC 转换器将电压从 DC201.6V 降到 DC12V,为电气设备供电,以及为辅助蓄电池再次充电(DC12V)。

③空调变频器将 HV 蓄电池的额定电压由 DC201.6V 转换为 AC201.6V,为空调系统中电动变频压缩机供电。

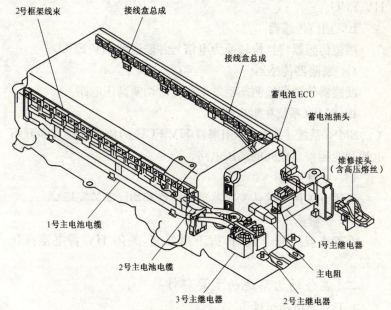

图 3-5　丰田普锐斯混合动力系统的布置(四)

6. HV ECU

HV ECU 接收传感器及有关 ECU(发动机 ECU、蓄电池 ECU、制动防滑控制 ECU 和动力转向 ECU)的信息,计算所需的扭矩和输出功率,并将计算结果发送到变频器总成、发动机 ECU、蓄电池 ECU 和制动防滑控制 ECU。

7. 发动机 ECU

发动机 ECU 根据接收来自 HV ECU 的目标发动机转速和所需的发动机动力,启动 ETCS-i(智能电子节气门控制系统)。

8. 制动防滑控制 ECU

制动防滑控制 ECU 控制电动机(MG2)产生的再生制动以及控制液压制动。

9. 加速踏板位置传感器

加速踏板位置传感器将加速踏板角度转换为电信号输送到

HV ECU。

10. 挡位传感器

挡位传感器将挡位转换为电信号并输送到 HV ECU。

11. 断路器传感器

断路器传感器检测车辆发生碰撞时切断高压电路。

12. SMR(系统主继电器)

SMR(系统主继电器)用来自 HV ECU 的信号连接或断开蓄电池和变频器总成间的高压电路。

13. 互锁开关

互锁开关用于确认变频器盖和检修塞均已安装完毕。

14. 检修塞

在检查或维修车辆时,拆下检修塞,关闭 HV 蓄电池高压电路。

二、混合动力系统的主要部件

1. HV 蓄电池组件

蓄电池组件位于后行李箱中,如图 3-6 所示。它包括 HV 蓄电池模块、蓄电池 ECU、SMR(系统主继电器)和检修塞。

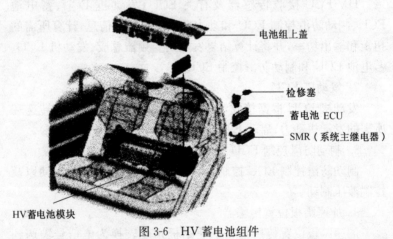

电池组上盖

检修塞

蓄电池 ECU

SMR(系统主继电器)

HV蓄电池模块

图 3-6　HV 蓄电池组件

HV 蓄电池为密封镍-氢蓄电池,它具有高能、重量轻、使用时间较长的特点。车辆正常工作时,通过充电/放电来保持 HV 蓄电池 SOC(充电状态)为恒定值,不需要外部设备来充电。THS-Ⅱ 系统的 HV 蓄电池有 28 个模块,额定电压为 201.6V。

在检修前拆下检修塞,切断 HV 蓄电池的高压电路,以保证维修人员的操作安全。检修塞包括互锁的导线开关,高压电路的主熔丝位于检修塞内。如图 3-7 所示,将卡框翻起,关闭导线开关,即可切断 SMR(系统主继电器)。应注意,在拆下检修塞前一定要关闭点火开关,而在检修后要连接检修塞后再起动车辆,否则,会损坏蓄电池 ECU。

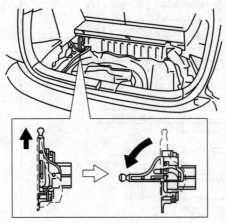

图 3-7　拆下检修塞

2. 变频器总成

变频器将 HV 蓄电池的高压直流电转换为三相交流电来驱动发电机(MG1)和电动机(MG2)。其功率晶体管的起动由 HV ECU 控制。此外,变频器将用于电流控制(如输出电流或电压)的信息传输到 HV ECU。变频器和发电机(MG1)、电动机(MG2)一起,由与发动机冷却系统分离的专用散热器冷却。如果车辆发生碰撞,则安装在变频器内部的断路器会检测到碰撞信号从而关停系统。

变频器总成电路如图 3-8 所示。

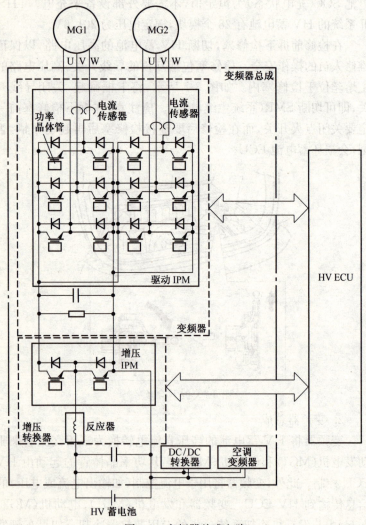

图 3-8 变频器总成电路

　　变频器总成中的增压转换器将 HV 蓄电池 DC201.6V 的电压升高到 DC500V,电压升高后,将直流电转换为交流电。发电机(MG1)、电动机(MG2)桥电路和信号处理/保护功能处理器已集成在 IPM(智能功率模块)中,以提高车辆性能。变频器总成中的空调变频器为空调系统中的电动变频压缩机供电。

　　(1)增压转换器

　　增压转换器将 HV 蓄电池输出的额定电压 DC201.6V 增到 DC500V。增压转换器的电路如图 3-9 所示,包括增压 IPM(智能功率模块)、IGBT(绝缘栅双极晶体管),通过这些组件将电压升高。发电机(MG1)或电动机(MG2)作为发电机工作后,变频器通过其将交流电(201.6~500V)转换为直流电,然后增压转换器将其降低到 DC201.6V,为 HV 蓄电池充电。

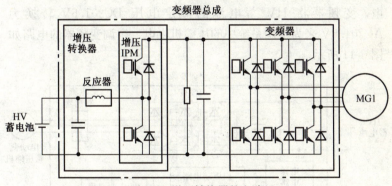

图 3-9　增压转换器的电路

　　(2)DC/DC 转换器

　　车辆的电气设备,如车灯、音响系统、空调系统(除空调压缩机)和 ECU,它们由 DC 12V 的供电系统供电。由于 THS-Ⅱ发电机输出额定电压为 DC201.6V,因此,需要 DC/DC 转换器将 DC201.6V 额定电压降到 DC 12V 来为辅助蓄电池充电。DC/DC 转换器的电路如图 3-10 所示。DC/DC 转换器安装在变频器总成的下部。

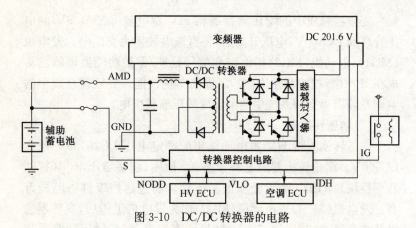

图 3-10　DC/DC 转换器的电路

（3）空调变频器

变频器总成中的空调变频器为空调系统中电动变频压缩机供电。变频器将 HV 蓄电池的额定电压 DC201.6V 转换为 AC201.6V 来为空调系统中的压缩机供电。空调变频器的电路如图 3-11 所示。

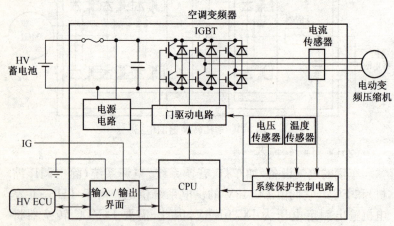

图 3-11　空调变频器的电路

3. 发电机（MG1）与电动机（MG2）

发电机和电动机如图 3-12 所示。结构紧凑、重量轻、高效。

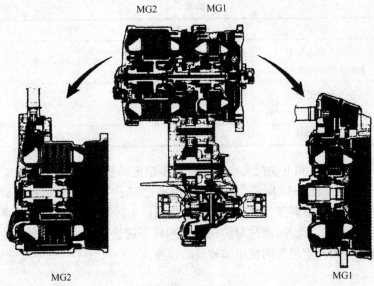

MG2   MG1

MG2   MG1

图 3-12 发电机和电动机

发电机参数见表 3-1。

表 3-1 发电机与电动机参数

项 目	THS-Ⅱ车型	THS车型
类 型	永磁电动机	永磁电动机
功 能	发电、起动发动机	发电、起动发动机
最高电压/V	AC500	AC273.6
冷却系统	水冷	水冷

电动机参数见表 3-2。

表 3-2 电动机参数

项 目	THS-Ⅱ车型	THS车型
类 型	永磁电动机	永磁电动机
功 能	驱动、发电	驱动、发电
最高电压/V	AC500	AC273.6

续表 3-2

项 目	THS-II 车型	THS 车型
最大输出功率/ kW(1200~1540r/min)	50	33/1040~5600
最大扭矩/ N·m(0~1200r/min)	400	350/0~400
冷却系统	水冷	水冷

发电机和电动机为永磁交流同步型电动机,其基本结构与工作原理如图 3-13 所示。三相交流电经过定子三相绕组时,产生旋转磁场,永磁转子受到旋转磁场的作用产生转矩,由交流电的频率控制转速。此外,通过对旋转磁场和转子磁铁的角度作适当地调整,可以产生较大的扭矩和较高的转速。

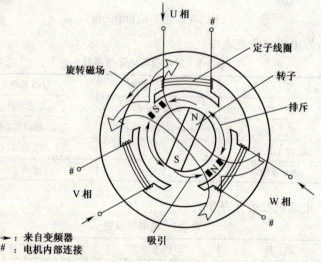

图 3-13 发电机和电动机示意图

发电机和电动机的电路如图 3-14 所示。

发电机为 HV 蓄电池充电,并为电动机供电。发电机作为起动机起动发动机。

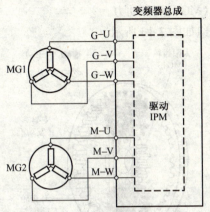

图 3-14　发电机和电动机电路

电动机作为辅助动力源为发动机提供辅助动力,使车辆达到优良的动力性能,并使车辆平稳起步、加速,以及再生制动后将车辆的动能转换为电能,向 HV 蓄电池充电。

三、混合动力系统的工作情况

车辆行驶状况如图 3-15 所示。

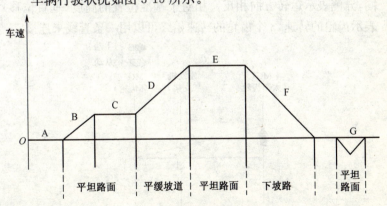

图 3-15　车辆行驶状况

A—Ready 灯打开　B—起动　C—发动机微加速　D—低载荷巡航

E—节气门全开加速　F—减速行驶　G—倒车

　　混合动力系统根据车辆行驶状况通过行星齿轮组优化组合发动机和电动机（MG2）两种动力。

　　行星齿轮组如图 3-16 所示。

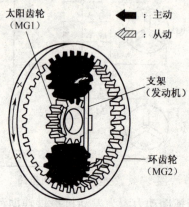

图 3-16　行星齿轮组

　　用模拟杠杆来表示行星齿轮组各部件的转速关系，如图 3-17所示。杠杆 3 个节点的相对位置由太阳齿轮（MG1）与环齿轮（MG2）的齿数确定，相对于水平基准位置，同侧表示运转方向相同，异侧表示运转方向相反。相对于基准位置的高度（垂直位移）表示齿轮的转速，3 个齿轮的转速始终可以用一条直线来连接。

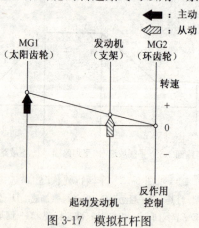

图 3-17　模拟杠杆图

模拟杠杆图直观表示了齿轮的旋转方向、转速和电源平衡之间的关系,见表 3-3。

表 3-3　混合动力系统状态表

MG1 或 MG2 的状态	旋转方向	扭矩状态	模拟杠杆图例
放电	正转＋侧	＋扭矩箭头向上	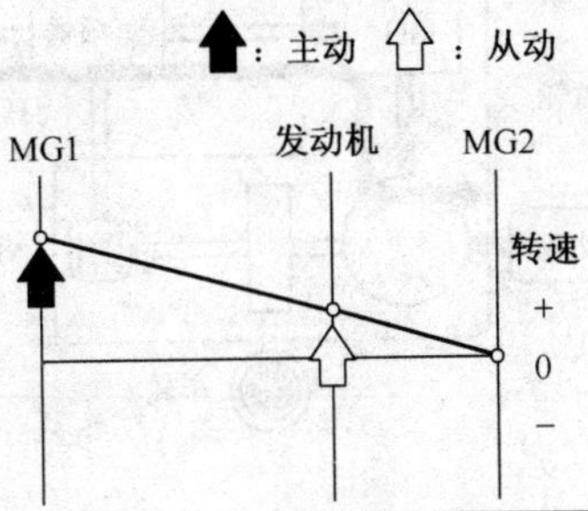
	反转－侧	－扭矩箭头向下	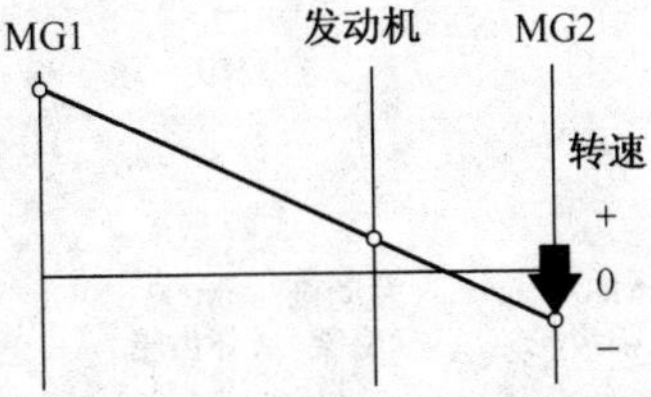
发电	正转＋侧	－扭矩箭头向下	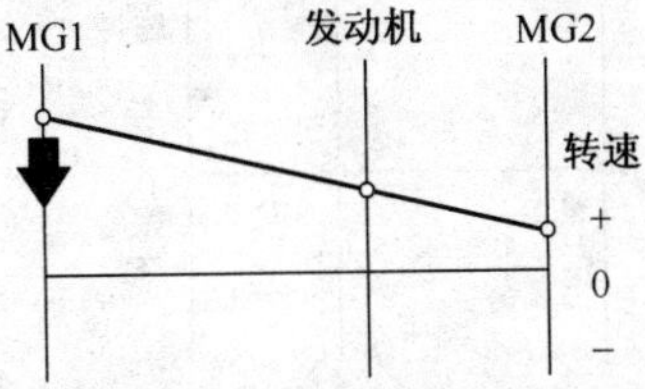

1. Ready 灯打开

如果冷却水温、SOC 状态、蓄电池温度和电载荷状态不满足条件,即使驾驶员按下 Power 开关,Ready 灯打开,发动机也不会运转。在这种状态下,发动机、发电机(MG1)和电动机(MG2)均停止工作。

Ready 灯打开、车辆处于驻车挡或倒挡时,如果 HV ECU 监视的任何项目均正常,HC ECU 起动发电机(MG1),从而起动发动机,如图 3-18、图 3-19 所示。运行期间,为防止发电机(MG1)太阳齿轮的反作用力转动电动机(MG2)和环齿轮并驱动车轮,电动机(MG2)接收电流,施加制动,这个功能叫做"反作用控制"。

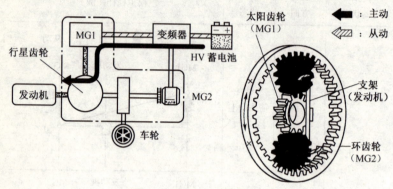

图 3-18   发动机起动状态

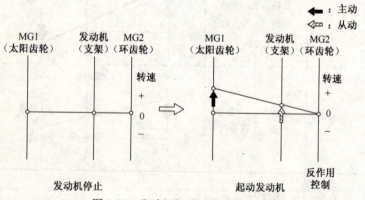

图 3-19   发动机起动时模拟杠杆图

在随后状态中,运转中的发动机驱动发电机(MG1)为 HV 蓄电池充电,如图 3-20、图 3-21 所示。

2. 车辆起动

车辆起动后,车辆仅由电动机(MG2)驱动,如图 3-22、图 3-23

所示。此时,发动机保持停止状态,发电机(MG1)以反方向旋转
而不发电。

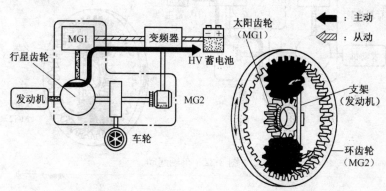

图 3-20　发电机(MG1)为 HV 蓄电池充电状态

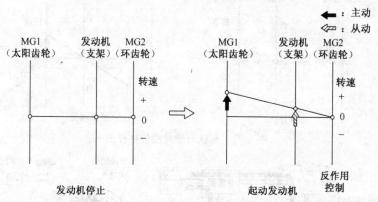

图 3-21　发电机(MG1)为 HV 蓄电池充电时模拟杠杆图

　　只有电动机(MG2)工作时,如果需要增加驱动扭矩,
HV ECU 监视的任何项目,如 SOC、蓄电池温度、冷却水温和电载
荷状态与规定值有偏差,发电机((MG1)将被起动,进而起动发动
机,如图 3-24、图 3-25 所示。

　　在随后的状态中,已经起动的发动机将使发电机(MG1)作为
发电机为 HV 蓄电池充电,如图 3-26、图 3-27 所示。

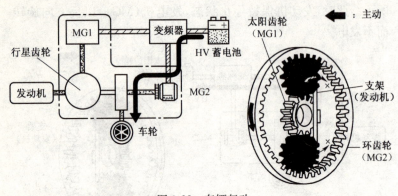

图 3-22　车辆起动

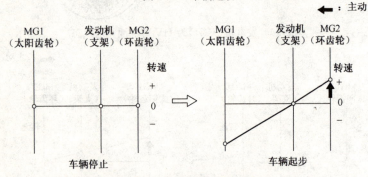

图 3-23　车辆起动时模拟杠杆图

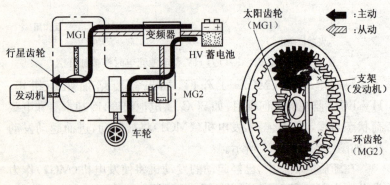

图 3-24　车辆起动后发动机起动

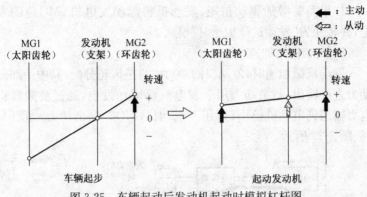

图 3-25 车辆起动后发动机起动时模拟杠杆图

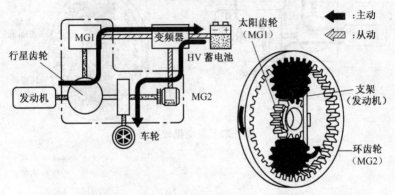

图 3-26 发动机驱动发电机(MG1)发电

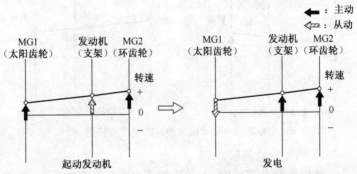

图 3-27 发动机驱动发电机(MG1)发电时模拟杠杆图

如果需要增加驱动扭矩,发动机将起动发电机(MG1)的发电,并转变为"发动机微加速时"模式。

3. 发动机微加速

发动机微加速时,发动机的动力由行星齿轮分配,其中一部分动力直接输出,剩余动力用于发电机(MG1)发电,通过变频器将电力输送到电动机(MG2),用于电动机(MG2)输出动力,如图 3-28、图 3-29 所示。

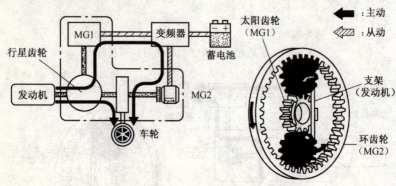

图 3-28 发动机微加速

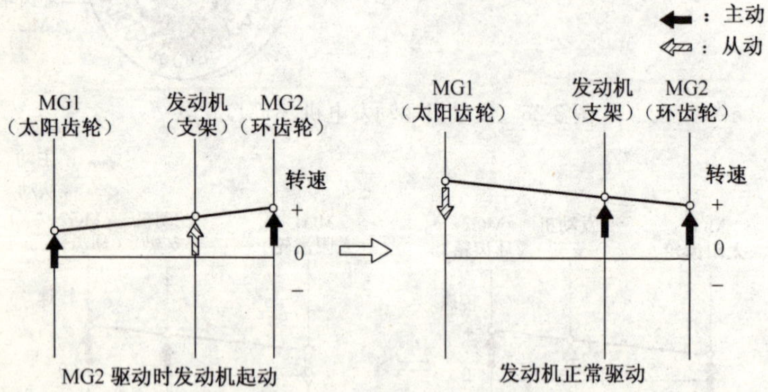

图 3-29 发动机微加速时模拟杠杆图

4. 车辆低载荷巡航

车辆以低载荷巡航时,发动机的动力由行星齿轮分配,其中一部分动力直接输出,剩余动力用于发电机(MG1)发电。通过变频器将电力输送到电动机(MG2),用于电动机(MG2)输出动力,如图 3-30、图 3-31 所示。

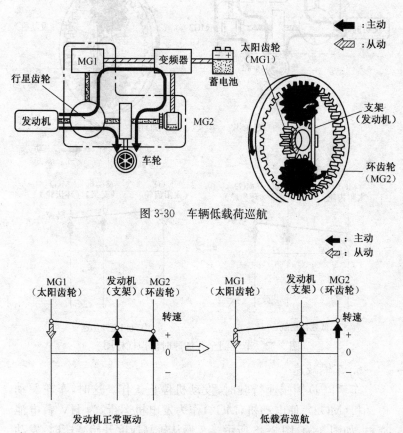

图 3-30 车辆低载荷巡航

图 3-31 车辆低载荷巡航时模拟杠杆图

5. 节气门全开加速

节气门全开加速时,将保持电动机(MG2)的动力,增加 HV 蓄电池通过变频器将电力输送到电动机(MG2),用于电动机(MG2)输出动力,如图 3-32、图 3-33 所示。

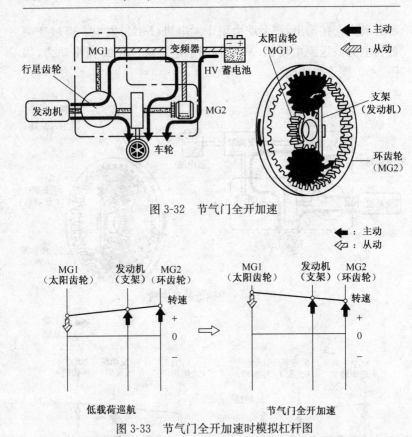

图 3-32　节气门全开加速

图 3-33　节气门全开加速时模拟杠杆图

6. 车辆减速

车辆以 D 挡减速行驶时,发动机停止工作。这时,车轮驱动电动机(MG2),使电动机(MG2)作为发电机运行,为 HV 蓄电池充电,如图 3-34、图 3-35 所示。车辆从较高速度开始减速时,发动机以预定速度继续工作,保护行星齿轮组。

车辆以 B 挡减速行驶时,车轮驱动电动机(MG2),使电动机(MG2)作为发电机运行,为 HV 蓄电池充电,并为发电机(MG1)供电,发电机(MG1)保持发动机转速并施加发动机制动,如图 3-36、图 3-37 所示。此时,发动机燃油供给被切断。

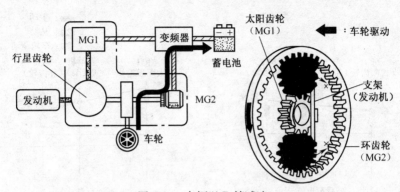

图 3-34　车辆以 D 挡减速

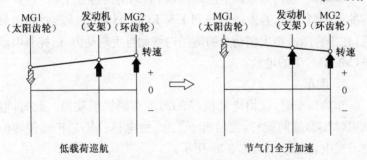

图 3-35　车辆减速时模拟杠杆图

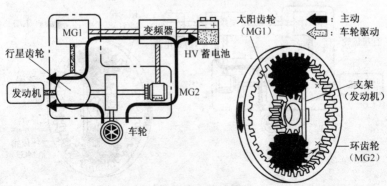

图 3-36　车辆以 B 挡减速

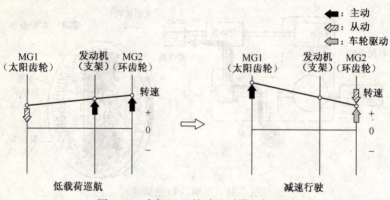

图 3-37　车辆以 B 挡减速时模拟杠杆图

　　车辆减速时,如果踩下制动踏板,制动防滑控制 ECU 计算所需的再生制动力,并发送信号到 HV ECU,HV ECU 接收到信号后,在符合所需再生制动力的范围内增加再生制动力,以控制电动机(MG2)产生的电量。

　　7. 倒车

　　车辆倒车时,仅由电动机(MG2)为车辆提供动力。此时,电动机(MG2)反向旋转,发动机不工作,发电机(MG1)正向旋转但并不发电,如图 3-38、图 3-39 所示。

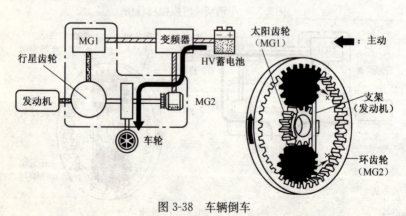

图 3-38　车辆倒车

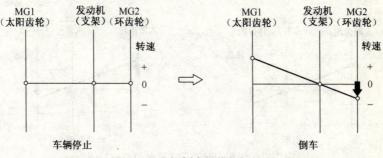

图 3-39　车辆倒车时模拟杠杆图

　　只有电动机（MG2）驱动车辆倒车时，如果 HV ECU 监视的任何项目，如 SOC 状态、蓄电池温度、冷却水温和电载荷状态与规定值有偏差，发电机（MG1）将起动，进而起动发动机，如图 3-40、图 3-41 所示。

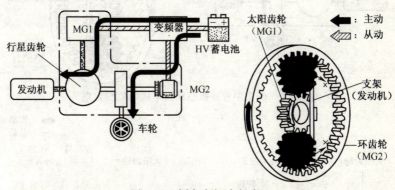

图 3-40　倒车中起动发动机

　　在随后状态中，已经起动的发动机驱动发电机（MG1）发电，为 HV 蓄电池充电，如图 3-42、图 3-43 所示。

四、混合动力控制系统

1. 混合动力控制系统的主要功能

丰田普锐斯混合动力控制系统框图如图 3-44、图 3-45 所示。

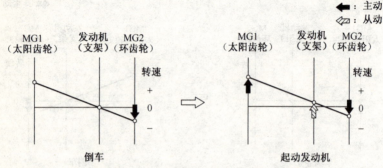

图 3-41 倒车中起动发动机时模拟杠杆图

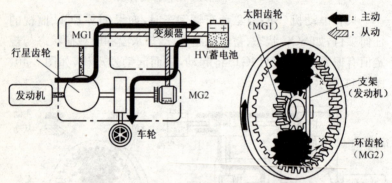

图 3-42 倒车中发动机驱动发电机(MG1)发电

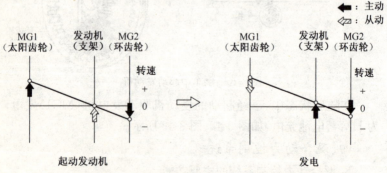

图 3-43 倒车中发动机驱动发电机(MG1)发电时模拟杠杆图

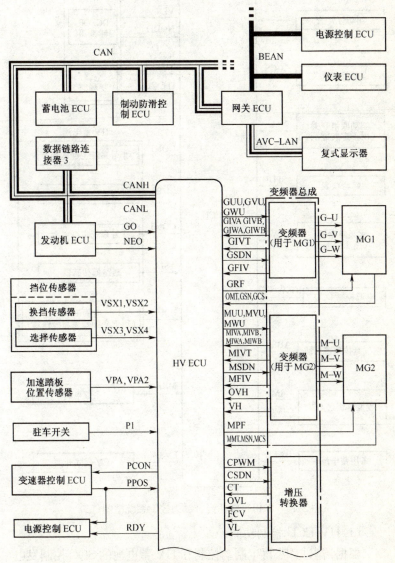

图 3-44　丰田普锐斯混合动力控制系统框图(一)

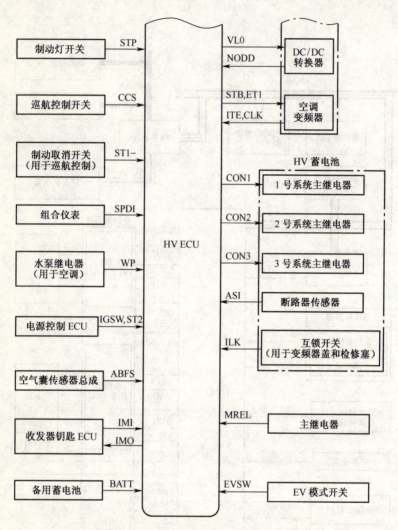

图 3-45　丰田普锐斯混合动力控制系统框图(二)

(1)HV ECU 控制功能

根据请求扭矩、再生制动控制和 HV 蓄电池的 SOC 控制发电机(MG1)、电动机(MG2)和发动机。具体工作状态由挡位、加速踏板踩下角度和车速来确定。

HV ECU 监控 HV 蓄电池的 SOC 和 HV 蓄电池的温度、发电机(MG1)和电动机(MG2),对这些项目实施最优控制。

车辆处于 N 挡时,HV ECU 实施关闭控制,自动关闭发电机(MG1)和电动机(MG2)。

车辆在陡坡上松开制动而起动时,上坡辅助控制可以防止车辆下滑。

如果驱动轮在没有附着力时空转,HV ECU 提供电动机牵引力控制,抑制电动机(MG2)旋转,进而保护行星齿轮组,同时防止发电机(MG1)产生过大的电流。

为防止电路电压过高并保证电路切断的可靠性,HV ECU 通过三个继电器的作用实施 SMR(系统主继电器)控制来连接和关闭高压电路。

(2)发动机 ECU 控制功能

发动机 ECU 接收 HV ECU 发送的目标发动机转速和所需的发动机动力,来控制 ETCS-i 系统、点火正时和 VVT-i 系统。

(3)变频器控制功能

根据 HV ECU 提供的信号,变频器将 HV 蓄电池的直流电转换为交流电来驱动发电机(MG1)、电动机(MG2),同样也可进行逆向过程。此外,变频器将发电机(MG1)的交流电提供给电动机(MG2)。

HV ECU 向变频器内的功率晶体管发送信号,来转换发电机(MG1)、电动机(MG2)的 U、V 和 W 相(定子绕组),驱动发电机(MG1)和电动机(MG2)。

HV ECU 从变频器接收到过热、过流或故障电压信号后即关闭。

(4)增压转换器控制功能

根据 HV ECU 提供的信号,增压转换器将额定电压 DC201.6V 升高到最高电压 DC500V。

发电机(MG1)或电动机(MG2)产生的最高电压 AC500V 由变频器转换为直流电,根据 HV ECU 的信号,增压转换器将直流电降低到 DC201.6V(用于 HV 蓄电池)。

(5)DC/DC 转换器控制功能

将额定电压 DC201.6V 转化为 DC12V,为电气设备供电,并为辅助蓄电池充电(DC12V),将辅助蓄电池控制在恒定电压。

(6)空调变频器控制功能

将 HV 蓄电池的额定电压 DC201.6V 转换为 AC201.6V,为空调系统的电动变频压缩机供电。

(7)发电机(MG1)和电动机(MG2)控制功能

发电机(MG1)由发动机带动旋转,产生高压(最高电压 AC500V),发电机(MG1)为 HV 蓄电池充电。另外,发电机(MG1)作为起动机起动发动机。

由发电机(MG1)或 HV 蓄电池为电动机(MG2)供电,产生车辆驱动力。

制动时或加速踏板被踩下时,产生电能为 HV 蓄电池再次充电(再生制动控制)。

速度传感器(解角传感器)检测到发电机(MG1)、电动机(MG2)的转速和位置并将信号输送到 HV ECU。

电动机(MG2)上的温度传感器检测温度,并将温度信号输送到 HV ECU。

(8)制动防滑控制 ECU 控制功能

制动时,制动防滑控制 ECU 计算所需的再生制动力并将信号输送到 HV ECU。HV ECU 接收到信号,立即将实际的再生制动控制数据发送到制动防滑控制 ECU。制动防滑控制 ECU 根据此结果,计算并执行所需的液压制动力。

(9)蓄电池 ECU 控制功能

蓄电池 ECU 实施监视控制,监视 HV 蓄电池和冷却风扇控制的状态,使 HV 蓄电池保持在预定的温度,对这些组件实施最优控制。

（10）换挡控制功能

HV ECU 根据挡位传感器提供的信号检测挡位（R、N、D 或 B），控制发电机（MG1）、电动机（MG2）和发动机，调整车辆行驶状态，以适应所选挡位。

变速器控制 ECU 通过 HV ECU 提供的信号检测到驾驶员是否按下驻车开关。然后，变速器控制 ECU 控制换挡控制执行器，通过机械机构锁止变速驱动桥。

（11）碰撞控制功能

发生碰撞时，如果 HV ECU 空气囊传感器总成发出空气囊张开信号，或变频器中断路器传感器发出执行信号，则关闭 SMR（系统主继电器）以切断整个电源。

（12）电动机驱动模式控制功能

仪表板上的 EV 模式开关被驾驶员手动打开时，如果所需条件满足，则 HV ECU 使车辆只由电动机（MG2）驱动运行。

（13）巡航控制系统操作控制功能

HV ECU 中的巡航控制 ECU 收到巡航控制开关信号时，按照驾驶员要求，将发动机、发电机（MG1）和电动机（MG2）的动力调节到最佳的组合，获得目标车速。

（14）指示灯和警告灯控制功能

指示灯和警告灯控制功能是指使指示灯和警告灯点亮或闪烁，通知驾驶员车辆状态或系统故障。

（15）诊断功能

HV ECU 检测到故障时，进行诊断并存储故障的相应数据。

（16）安全保护功能

HV ECU 检测到故障时，HV ECU 根据存储在存储器中的数据停止或控制执行器和 ECU。

2. 混合动力控制系统的工作情况

（1）HV ECU 控制

HV ECU 控制框图如图 3-46 所示。

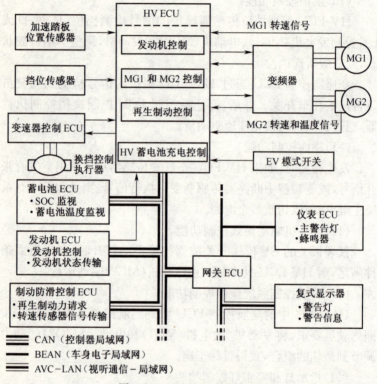

图 3-46 HV ECU 控制框图

HV ECU 控制原理如图 3-47 所示。

HV ECU 根据加速踏板位置传感器的信号、发电机(MG1)和电动机(MG2)中速度传感器(解角传感器)的车速信号、挡位传感器的信号确定车辆的行驶状况,对发电机(MG1)、电动机(MG2)和发动机的动力进行最优控制。此外,HV ECU 对动力的扭矩和输出进行最优控制,以实现低油耗和更清洁的排放等目标。

①系统监视控制　蓄电池 ECU 始终监视 HV 蓄电池的 SOC,并将蓄电池的 SOC 发送到 HV ECU。SOC 过低时,

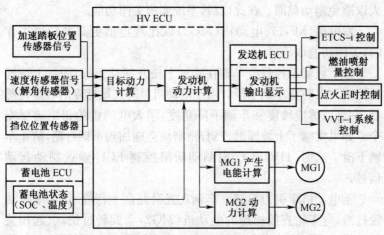

图 3-47　HV ECU 控制示意图

HV ECU 提高发动机的功率输出以驱动发电机（MG1）为 HV 蓄电池充电。发动机起动时，由发电机（MG1）来起动发动机，发动机驱动发电机（MG1）为 HV 蓄电池充电。

如果蓄电池的 SOC 较低或 HV 蓄电池、发电机（MG1）或电动机（MG2）的温度高于规定值，则 HV ECU 限制驱动轮动力的大小，直到它恢复到额定值。内置于电动机（MG2）中的温度传感器直接检测电动机（MG2）的温度。HV ECU 计算发电机（MG1）的温度。

②关闭控制　车辆处于 N 挡时，发电机（MG1）和电动机（MG2）被关闭。这是由于电动机（MG2）通过机械机构与前轮相连，所以必须停止发电机（MG1）和电动机（MG2）来切断动力。

行驶时，如果制动踏板被踩下并且某个车轮锁止，则带 EBD 的 ABS 起动工作。而后系统请求电动机（MG2）输出低扭矩为重新驱动车轮提供辅助动力。此时，即使车辆处于 N 挡，系统也会取消关闭功能使车轮转动。车轮重新旋转后，系统恢复关闭功能。

车辆以 D 或 B 挡行驶，制动踏板被踩下时，再生制动开始工作。此时换到 N 挡，再生制动请求扭矩减少的同时，制动液压增大以避免制动黏滞。在此以后,系统实施关闭功能。

发电机(MG1)、电动机(MG2)以比规定值更高的转速工作时,关闭功能取消。

③上坡辅助控制　车辆在陡坡上松开制动而起动时,上坡辅助控制可以防止车辆下滑。由于电动机具有高敏感度的转速传感器,它可以感应坡度和车辆下降角度,增大电动机的扭矩确保安全。如果实施了上坡辅助控制,则制动会施加到车辆后轮,防止车辆下滑。这时,HV ECU 向制动防滑控制 ECU 输送制动起动信号。

④电动机牵引力控制　车辆在光滑路面上行驶时,如果驱动轮打滑,与车轮直接相连的电动机(MG2)会旋转过快,引起相关的行星齿轮组转速增大。这种状况可对支承行星齿轮组中的啮合部件等部位造成损害,还可使发电机(MG1)产生过量电能。如果转速传感器信号表明转速发生突然变化,HV ECU 确定电动机(MG2)转速过大并施加制动力以抑制转速,保护行星齿轮组。如果只有一个驱动轮旋转过快,HV ECU 通过左右车轮的转速传感器监测它们的速度差,将指令输送到制动防滑控制 ECU,以对转速过快的车轮施加制动,可以起到与制动控制系统的 TRC 同样的作用。

⑤雪地起步时驱动轮转速控制　驱动轮转速变化如图 3-48 所示。如果驱动轮附着力正常,那么电动机(MG2)(驱动轮)转速的变化很小,在它们和发动机之间的速度差很小,从而达到平衡,这样,行星齿轮组的相对转速差最小,如图 3-48(a)所示。如果驱动轮失去牵引力,电动机(MG2)(驱动轮)的转速会有很大的变化,在这种情况下,由于转速变化较小的发动机无法随电动机(MG2)转动,相关的整个行星齿轮组的转速增大,如图 3-48(b)所示。

HV ECU 根据电动机(MG2)提供的转速传感器信号监测转速突变,来计算驱动轮的打滑量。HV ECU 根据计算的打滑量通过抑制电动机(MG2)的旋转来控制制动力。

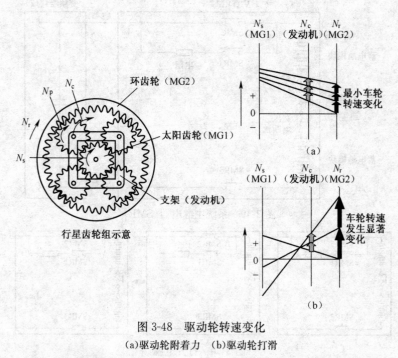

图 3-48　驱动轮转速变化

(a)驱动轮附着力　(b)驱动轮打滑

⑥系统主继电器(SMR)控制　SMR 是在接收到 HV ECU 输出的指令后连接或断开高压电路电源的继电器,如图 3-49 所示,共有 3 个继电器,负极侧有 1 个,正极侧有 2 个,用于确保系统工作正常。

打开电源(电路连接)时 SMR1 和 SMR3 工作,而后,SMR2 工作而 SMR1 关闭。由于这种方式可以控制流过电阻的电流,因此电路中的触点受到保护,避免受到强电流造成的损害,如图 3-50 所示。

关闭电源(电路断开)时 SMR2 和 SMR3 相继关闭,然后,HV ECU 确认各个继电器是否已经关闭。HV ECU 可确定 SMR2 是否卡住,如图 3-51 所示。

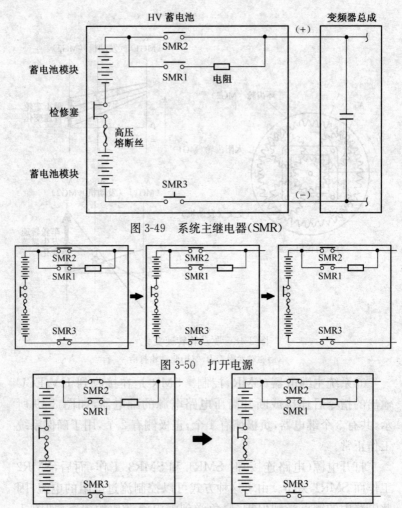

图 3-49 系统主继电器（SMR）

图 3-50 打开电源

图 3-51 关闭电源

（2）发动机 ECU 控制

发动机 ECU 接收到 HV ECU 发送的目标发动机转速和所需的发动机动力信号，控制 ETCS-i 系统、燃油喷射量、点火正时和 VVT-i 系统，如图 3-52 所示。

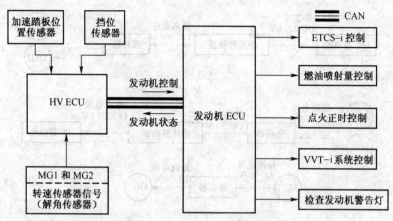

图 3-52　发动机 ECU 控制示意图

发动机 ECU 将发动机工作状态信号输送到 HV ECU。按照基本混合动力控制，在接收到 HV ECU 输送的发动机停止信号后，发动机 ECU 将使发动机停机。系统出现故障时，发动机 ECU 通过 HV ECU 的指令打开检查发动机警告灯。

（3）变频器控制

变频器控制功能如图 3-53 所示。

根据 HV ECU 提供的信号，变频器将 HV 蓄电池的直流电转换为交流电向发电机（MG1）、电动机（MG2）供电，或执行相反的过程。此外，变频器将发电机（MG1）的交流电提供给电动机（MG2）。由发电机（MG1）向电动机（MG2）提供电流时，电流在变频器内转换为直流电（DC）。

根据发电机（MG1）、电动机（MG2）输送的转子信息和从蓄电池 ECU 输送的 HV 蓄电池 SOC 等信息，HV ECU 将信号发送到变频器内部的功率晶体管来转换发电机（MG1）、电动机（MG2）定子线圈的 U、V 和 W 相。关闭发电机（MG1）、电动机（MG2）的电流时，HV ECU 输送信号到变频器。

（4）制动防滑控制 ECU 控制

制动防滑控制 ECU 控制如图 3-54 所示。

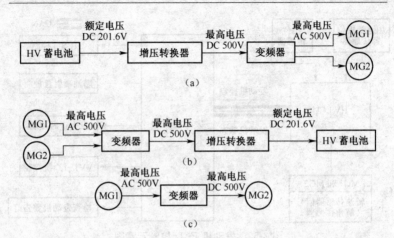

图 3-53　变频器控制示意图

(a)增压转换功能　(b)降压转换功能　(c)电气供电功能

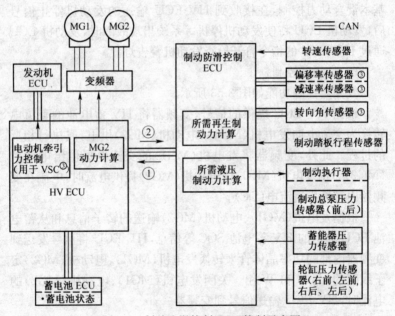

图 3-54　制动防滑控制 ECU 控制示意图

①再生制动力请求　②实际再生制动控制数值　③仅用于带 VSC⁺ 系统的车型

制动防滑控制 ECU 根据驾驶员踩下制动踏板时制动执行器和制动踏板行程传感器的制动总压力计算所需的总制动力。制动防滑控制 ECU 根据总制动力计算所需的再生制动力,将结果输送到 HV ECU。HV ECU 起动电动机(MG2)进行反方向扭矩控制,并执行再生制动功能。制动防滑控制 ECU 控制制动执行器电磁阀产生轮缸压力,这个轮缸压力是总制动力减去实际再生制动控制的数值。

在带 VSC⁺ 系统的车型上,车辆在 VSC⁺ 系统控制下工作时,制动防滑控制 ECU 输送请求信号到 HV ECU 实施电动机牵引力控制。HV ECU 根据当前的车辆行驶状态控制发动机、发电机(MG1)和电动机(MG2)。

(5)蓄电池 ECU 控制

蓄电池 ECU 控制如图 3-55 所示。

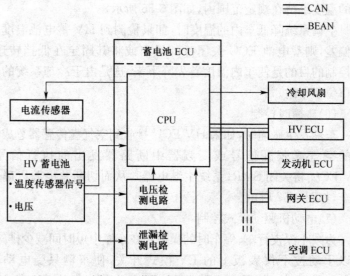

图 3-55　蓄电池 ECU 控制示意图

蓄电池 ECU 检测 HV 蓄电池的 SOC、温度、是否泄漏和电压,并将这些信息发送到 HV ECU。蓄电池 ECU 通过 HV 蓄电池内的温度传感器检测其温度,并操作冷却风扇来控制温度。

①HV 蓄电池状态监视控制区 蓄电池 ECU 始终监视 HV 蓄电池的温度、是否泄漏、电压和电流,并将这些信息输送给 HV ECU。HV 蓄电池通过估计充电放电电流来计算 SOC。

②SOC 控制 车辆行驶时,由于 HV 蓄电池在加速期间给电动机(MG2)供电,减速时由再生制动充电,反复进行充电/放电过程。蓄电池 ECU 根据电流传感器检测到的充电/放电水平计算 SOC,并将数据输送到 HV ECU。HV ECU 根据接收的数据控制充电/放电,将 SOC 始终控制在稳定水平。

③冷却风扇控制 蓄电池 ECU 根据 HV 蓄电池内的 3 个温度传感器和 1 个进气温度传感器检测到蓄电池温度上升。然后,蓄电池 ECU 在负载循环控制下连续起动冷却风扇,将 HV 蓄电池的温度维持在规定范围内,如图 3-56 所示。

空调系统降低车内的温度时,如果检测到 HV 蓄电池温度出现偏差,则蓄电池 ECU 关闭冷却风扇或将其固定在低挡转速。该控制的目的是使车内温度首先降下来,这是由于冷却系统的进气口位于车内。

(6)碰撞时控制

车辆发生碰撞时,如果 HV ECU 接收到空气囊传感器总成发出的空气囊张开信号或变频器中断路器发出的执行信号,HV ECU 将关闭 SMR(系统主继电器),从而切断总电源以确保安全,如图 3-57 所示。

(7)电动机驱动模式控制

为减小深夜行车、停车时的噪声和在车库中短时间减少排气,可以手动按下仪表板上的 EV 模式开关,使车辆只受电动机(MG2)的驱动。打开 EV 模式开关后,组合仪表中的 EV 模式指示灯将点亮,如图 3-58 所示。

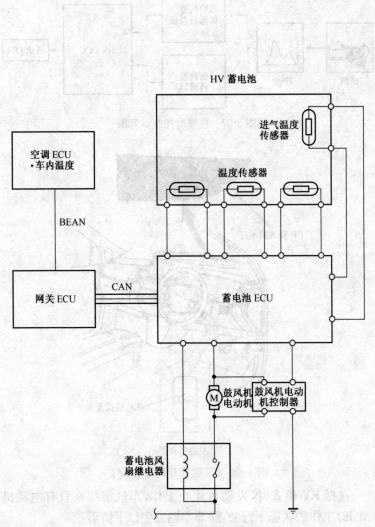

图 3-56 冷却风扇控制示意图

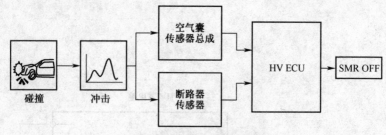

图 3-57　碰撞时控制示意图

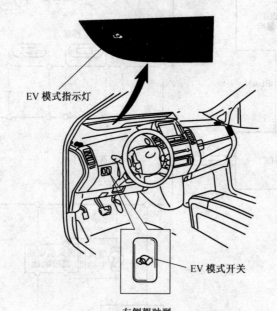

左侧驾驶型

图 3-58　EV 模式开关与指示灯

选择 EV 模式时,发动机停止工作,车辆继续在只有电动机 (MG2)工作的状态下行驶,除非车辆发生以下情形:

①EV 模式开关关闭。

②SOC 下降到规定水平以下。

③车速超过规定数值。

④加速踏板角度超过规定数值。

⑤HV 蓄电池温度高于正常工作范围。

如果 HV 蓄电池在标准 SOC 下,车辆在平坦路面上连续行驶0.6~1.2mile(1~2km)后,EV 模式将关闭。

(8)指示灯和警告灯控制

THS-Ⅱ系统的指示灯和警告灯如图 3-59 所示。

THS-Ⅱ系统的指示灯和警告灯的含义见表 3-4。

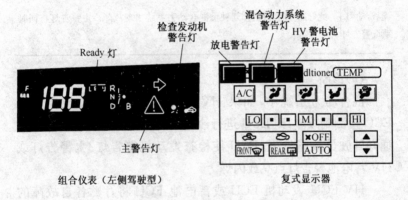

图 3-59　指示灯和警告灯

表 3-4　指示灯和警告灯的含义

项　目	说　明
Ready 灯	车辆处于 P 挡时,如果驾驶员踩下制动踏板并同时按下起动按钮,此灯闪烁
主警告灯	此灯点亮时,提示驾驶员已出现在 THS-Ⅱ系统中的故障或 HV 蓄电池SOC 低于标准数值等信息 此灯点亮且蜂鸣器鸣叫时,通知驾驶员出现水温异常、油压异常、EPS系统故障或变速器控制 ECU 故障
检查发动机警告灯	发动机控制系统出现故障时点亮

续表 3-4

项　目	说　明
放电警告灯	DC 12V 充电系统(转换器总成)出现故障时此灯点亮。主警告灯将同时点亮
HV 蓄电池警告灯	此灯点亮时,以通知驾驶员 SOC 低于最小标准数值。主警告灯将同时点亮
混合动力系统警告灯	此灯点亮时,以通知驾驶员混合动力系统出现故障。主警告灯将同时点亮

（9）诊断

混合动力系统中,如果 HV ECU、发动机 ECU 或蓄电池 ECU 检测到故障,则 ECU 进行诊断并存贮部分名称。此外,为了通知驾驶员故障发生,ECU 使检查发动机警告灯、主警告灯或 HV 蓄电池警告灯点亮或闪烁。

HV ECU、发动机 ECU 或蓄电池 ECU 将存贮各自故障的 DTC(故障码)。在常规的 DTC 5 位代码的基础上新添了 3 位数字信息代码,在故障排除时可进一步缩小怀疑部位以确定故障。可以使用智能测试仪Ⅱ读取 DTC。一些 DTC 较以往更加细化了怀疑部位,同时为其制定了新的 DTC,此外,还增添了和新增项目对应的 DTC。

（10）安全保护

如果 HV ECU 检测到混合动力系统故障,那么它将根据存储器中的数据对系统进行控制。

3. 混合动力控制系统电路

丰田普锐斯混合动力蓄电池系统电路如图 3-60～图 3-65 所示。

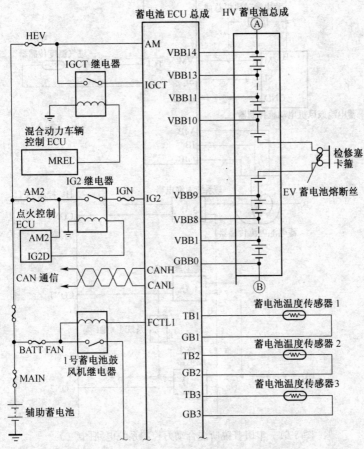

图 3-60 丰田普锐斯混合动力控制系统电路图(一)

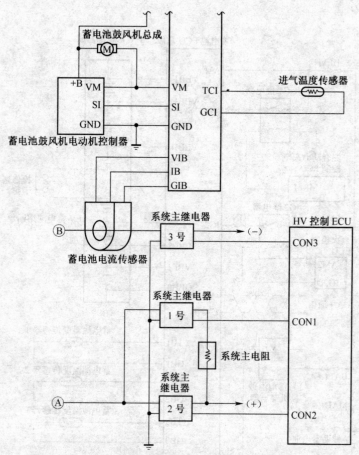

图 3-61　丰田普锐斯混合动力控制系统电路图(二)

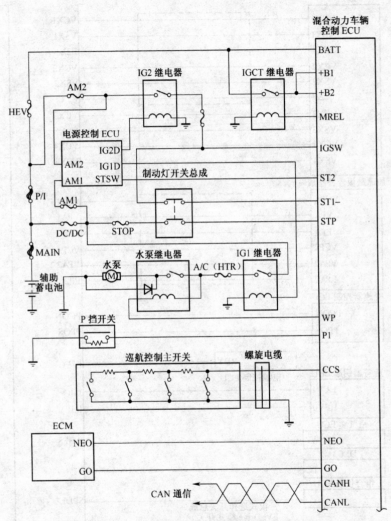

图 3-62 丰田普锐斯混合动力控制系统电路图(三)

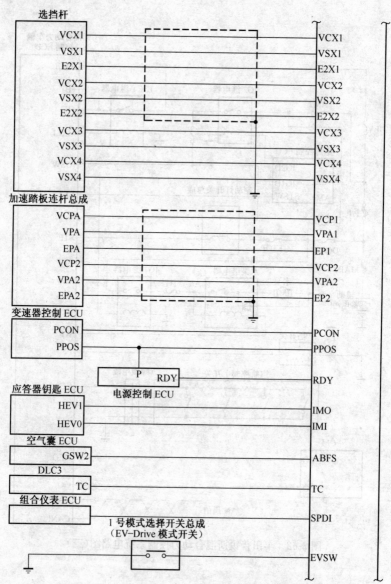

图 3-63　丰田普锐斯混合动力控制系统电路图(四)

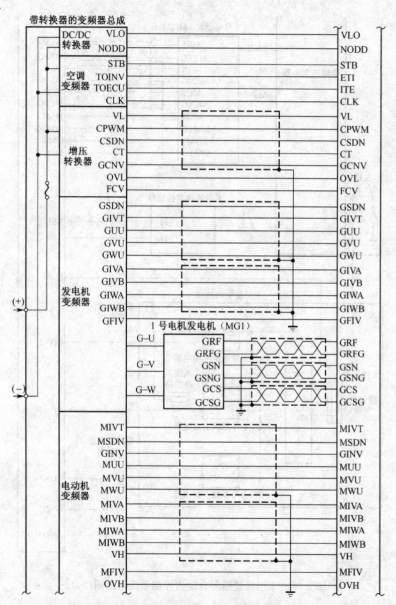

图 3-64　丰田普锐斯混合动力控制系统电路图（五）

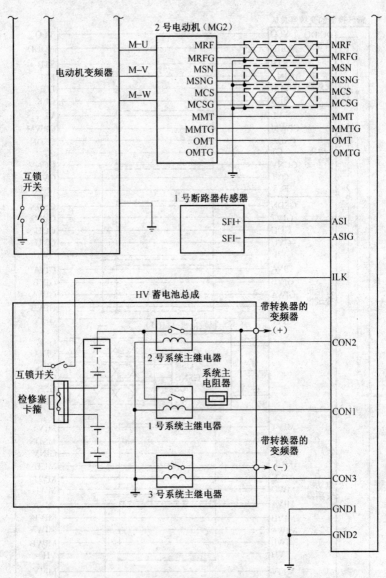

图 3-65 丰田普锐斯混合动力控制系统电路图（六）

第二节 丰田普锐斯混合动力发动机

一、发动机技术参数

丰田普锐斯混合动力汽车采用 1NZ-FXE 汽油发动机,其技术参数见表 3-5。该发动机使用高膨胀比 Atkinson(阿特金森)循环、VVT-i(智能可变气门正时)、ETCS-i(智能电子节气门控制系统)等技术,具有较高的动力性、燃油经济性和排放清洁性。

表 3-5 发动机技术参数

项 目	参 数
发动机类型	1NZ-FXE
气缸数与排列形式	四缸,直列
气门结构	16 气门,DOHC,链传动,VVT-i
燃烧室	屋脊形
节气门控制系统	ETCS-i
燃油系统	SFI
排量/cm^3	1497
(缸径/mm)×(行程/mm)	75.0×84.7
压缩比	13.0∶1
最大输出功率(SAE-NET)/[kW /(5000r/min)]	57
最大扭矩(SAE-NET)/[N·m/(4000r/min)]	115
点火顺序	1-3-4-2
燃油牌号	95 或更高
机油等级	API SJ、SL、EC 或 ILSAC
蒸发排放标准	欧Ⅳ
尾气排放标准	欧Ⅳ

二、发动机控制系统

1. 发动机控制系统的组成

发动机控制系统的组成如图 3-66 所示。

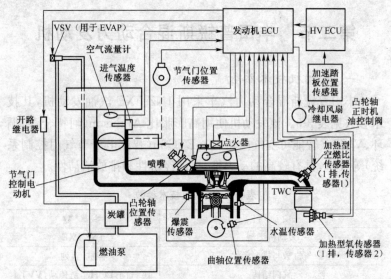

图 3-66   发动机控制系统示意图

发动机控制系统框图如图 3-67、图 3-68 所示。

发动机控制系统主要部件位置如图 3-69、图 3-70 所示。

(1)加速踏板位置传感器

如图 3-71 所示,加速踏板位置传感器由磁轭和霍尔 IC 组成。加速踏板受到一定力作用时,安装在加速踏板臂上的磁轭绕霍尔 IC 旋转,霍尔 IC 将磁通的变化量转换为电信号。

(2)空燃比传感器

如图 3-72 所示,空燃比传感器是扁平形的。它与一般型(杯形)传感器相比,扁平形的传感器和加热部分都变得更窄,加热器的热量直接作用于传感器的氧化铝和氧化锆部分,可以加速激活传感器。

(3)爆燃传感器

如图 3-73 所示,爆燃传感器是扁平形的,且为非共振型,在传感器内,钢块位于传感器的上部,压电元件穿过绝缘垫位于钢块下,内置开路/短路检测电阻器。爆燃振动被送到钢块,振动惯性

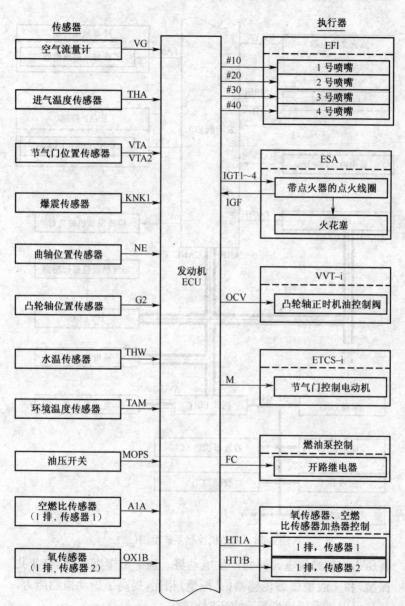

图 3-67　发动机控制系统框图(一)

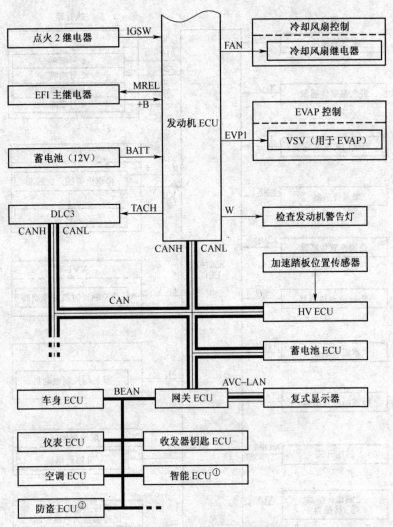

图 3-68　发动机控制系统框图(二)

将压力施加给压电元件而产生电动势。扁平形爆燃传感器(非共振型)和一般型爆燃传感器(共振型)相比,提高了振动检测能力,并且可以更准确地进行点火正时控制。

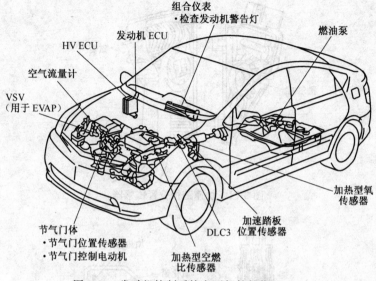

图 3-69　发动机控制系统主要部件的位置(一)

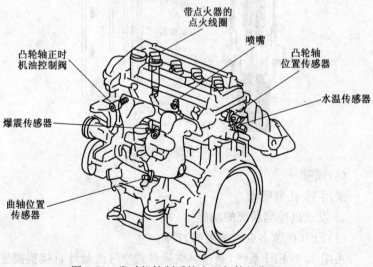

图 3-70　发动机控制系统主要部件的位置(二)

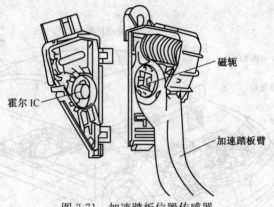

图 3-71　加速踏板位置传感器

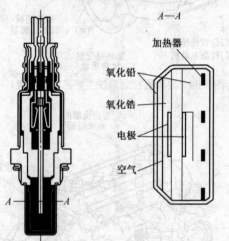

图 3-72　空燃比传感器

（4）喷嘴

采用 12 孔型喷嘴。

2. 发动机控制系统的功能

（1）EFI（连续多点燃油喷射）控制

采用 L 型 EFI 系统，通过热线质量式空气流量计直接检测进气质量。

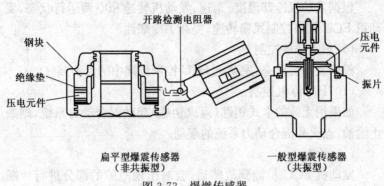

图 3-73　爆燃传感器

（2）ESA（电子点火提前）控制

发动机 ECU 根据来自各个传感器的信号控制点火正时。发动机 ECU 依据发动机爆燃校正点火正时。

（3）ETCS-i（智能电子节气门控制系统）控制

根据发动机状态和来自 HV ECU 的控制请求，发动机 ECU 有效地控制节气门的开启。

（4）VVT-i（智能可变气门正时）控制

根据发动机状态和来自 HV ECU 的控制请求，控制进气凸轮轴到最佳气门正时。

（5）空燃比传感器、氧传感器加热器控制

将空燃比传感器或氧传感器的温度保持在适当的水平，以提高排气中氧密度检测的准确性。

（6）燃油泵控制

燃油泵的运行由来自发动机 ECU 的信号控制。在发生正面或侧向碰撞，空气囊打开时，将燃油切断以停止燃油泵运行。

（7）空调切断控制

根据发动机状态切换空调压缩机 ON 或 OFF，保持驾驶性能。

（8）冷却风扇控制

根据发动机冷却温度、车速、发动机转速和空调运行状态,发动机 ECU 无级控制风扇转速,提高了冷却性。

(9)蒸发排放控制

根据发动机状态,发动机 ECU 控制炭罐中的汽油蒸气。

(10)HV 停机控制

如果用无效的卡式钥匙(点火钥匙)起动混合动力系统,则禁止输油、点火和混合动力系统的起动。

(11)诊断

发动机 ECU 检测到故障后,会对出现故障的部分进行诊断和存贮。所有 DTC 都与 SAE 控制代码一致。

(12)安全保护

发动机 ECU 检测到故障后,会根据已存贮在存储器中的数据,调节或停止发动机。

3. 发动机控制系统的诊断

发动机 ECU 检测到故障后,会做出诊断并存贮故障信息。此外,组合仪表内的检查发动机警告灯会点亮或闪烁来通知驾驶员。发动机 ECU 同样会存贮 DTC。诊断通信由串行通信(ISO9141)改变为 CAN 通信,须用最新的智能测试仪Ⅱ来读取发动机控制系统的 DTC。所有 DTC 都与 SAE 控制代码一致。清除存贮在发动机 ECU 中的 DTC,可以使用智能测试仪Ⅱ,也可以断开蓄电池负极电缆或 EFI 熔丝 1min 以上。

4. 发动机控制系统的安全保护

发动机 ECU 检测到故障后,将根据已存贮在存储器中的数据,停止或控制发动机,见表 3-6。

表 3-6　安全保护表

DTC	安全保护操作	安全保护解除条件
P0031,P0032, P0037,P0038	关闭检测到异常的加热器电路	电源开关关闭

续表 3-6

DTC	安全保护操作	安全保护解除条件
P0100,P0102,P0103	根据发动机转速和节气门角度计算点火正时	检测到"Pass"条件
P0110,P0112,P0113	进气温度被设定为20℃(68℉)	检测到"Pass"条件
P0115,P0117,P0118	发动机冷却液温度被设定为 80℃(176℉)	检测到"Pass"条件
P0120,P0122,P0123	间歇燃油切断	电源开关关闭
P0121	间歇燃油切断	检测到"Pass"条件,且电源开关关闭
P0325	最大点火正时延迟	电源开关关闭
P0351,P0352,P0353,P0354	燃油切断	检测到"Pass"条件
P2102,P2103	VTA 被设定为约 16%,且间歇燃油切断	电源开关关闭
P2119	VTA 被设定为约 16%,且间歇燃油切断	检测到"Pass"条件,且电源开关关闭

5. 发动机控制系统电路

丰田普锐斯混合动力发动机控制系统电路如图 3-74、图 3-75 所示。

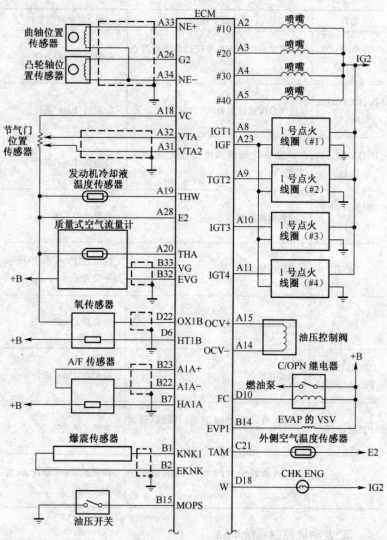

图 3-74 丰田普锐斯混合动力发动机电路图(一)

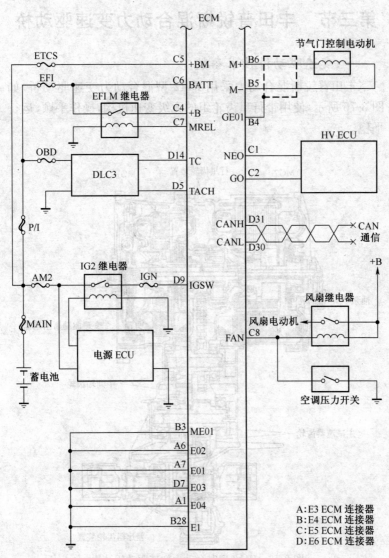

图 3-75　丰田普锐斯混合动力发动机电路图(二)

第三节　丰田普锐斯混合动力变速驱动桥

一、变速驱动桥技术参数

丰田普锐斯混合动力采用 P112 型混合动力变速驱动桥,如图 3-76 所示,使用带行星齿轮组的无级变速机构,操作平顺,运行平稳。

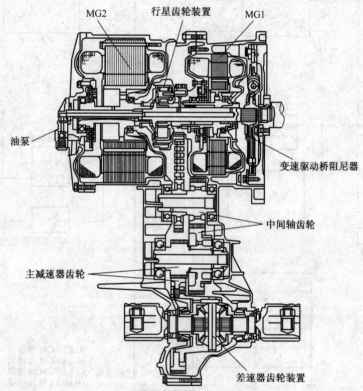

图 3-76　P112 型混合动力变速驱动桥结构

P112 型混合动力变速驱动桥的技术参数见表 3-7。

表 3-7 P112 型混合动力变速驱动桥的技术参数

变速驱动桥类型		P112
行星齿轮	环齿轮齿数/个	78
	小齿轮齿数/个	23
	太阳齿轮齿数/个	30
差速器速比		4.113
链	链节数/个	72
	主动链轮齿数/个	36
	从动链轮齿数/个	35
中间轴齿轮	主动齿轮齿数/个	30
	从动齿轮齿数/个	44
主减速器齿轮	主动齿轮齿数/个	26
	从动齿轮齿数/个	75
变速驱动桥油容量/L		3.8
变速驱动桥油类型		ATF WS 或同等品

P112 型混合动力变速驱动桥零部件如图 3-77、图 3-78 所示。

二、变速传动机构

P112 型混合动力变速驱动桥的变速传动机构如图 3-79 所示,主要包括变速驱动桥阻尼器、MG1(发电机)、MG2(电动机)、行星齿轮组和减速装置(无声链、主动链轮、从动链轮、中间轴主动齿轮、中间轴从动齿轮、主减速器小齿轮和主减速器环齿轮)。

1. 行星齿轮组

行星齿轮组如图 3-80 所示,太阳齿轮与 MG1(发电机)连接,环齿轮与 MG2(电动机)连接,行星齿轮架连接在发动机输出轴上,动力通过链传送到中间主动齿轮。MG1(发电机)和 MG2(电动机)都是精密组件,维修时不要分解,如果这些组件出现故障,则更换混合动力变速驱动桥总成。

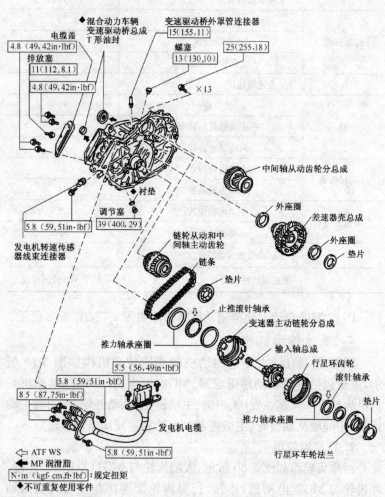

◆混合动力车辆
变速驱动桥总成
T形油封

变速驱动桥外罩管连接器
15(155,11)

电缆盖
4.8（49,42in·lbf）

螺塞
13(130,10)

25(255,18)

排放塞
11(112,8.1)

4.8（49,42in·lbf）

×13

中间轴从动齿轮分总成

外座圈

差速器壳总成

外座圈

垫片

衬垫

调节塞
39(400,29)

5.8（59,51in·lbf）

发电机转速传感
器线束连接器

链轮从动和中
间轴主动齿轮

链条

垫片

止推滚柱轴承

变速器主动链轮分总成

推力轴承座圈

输入轴总成

行星环齿轮

滚针轴承

垫片

5.5（56,49in·lbf）

5.8（59,51in·blf）

8.5（87,75in·lbf）

发电机电缆

推力轴承座圈

⇦ ATF WS

◀ MP润滑脂

5.8（59,51in·lbf）

行星环车轮法兰

N·m（kgf·cm,ft·lbf）:规定扭矩

◆不可重复使用零件

图 3-77　P112 型混合动力变速驱动桥分解图(一)

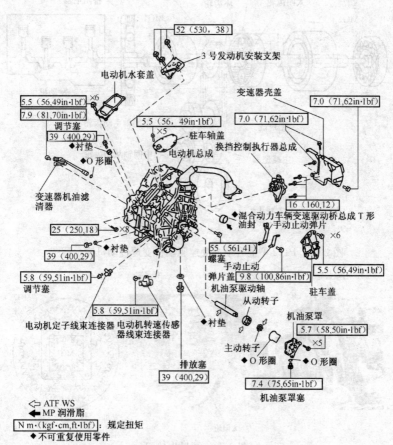

图 3-78　P112 型混合动力变速驱动桥分解图(二)

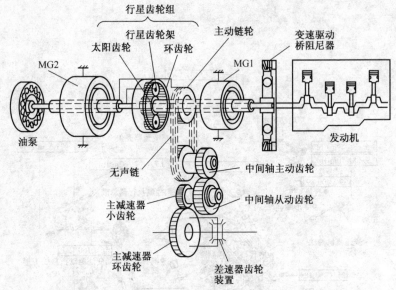

图 3-79 P112 型混合动力变速驱动桥变速传动机构示意图

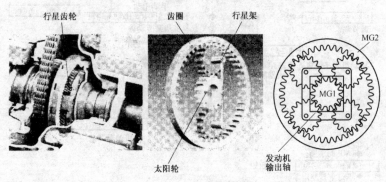

图 3-80 行星齿轮组

发动机输出的动力分为两部分,一部分驱动车辆行驶,另一部分带动 MG1(发电机)发电,如图 3-81 所示。

2. 阻尼器

变速驱动桥的阻尼器如图 3-82 所示,由干式、单片摩擦材料制成的扭矩波动吸收机构,用于传递发动机的动力。阻尼器采用

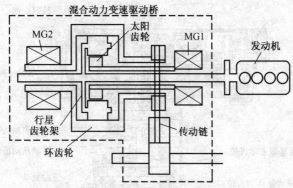

图 3-81　发动机动力传输示意图

具有低扭转特性的螺旋弹簧,螺旋弹簧的刚度较小,提高了弹簧的减振性能。

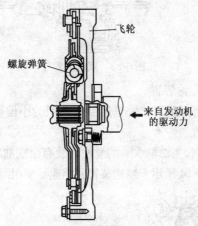

图 3-82　阻尼器的结构

3. 减速装置

减速装置如图 3-83 所示,包括无声链、中间轴齿轮和主减速器齿轮。采用小链距的无声链,保证安静运行。中间轴齿轮和主减速器齿轮的齿都经过高精密研磨,其齿腹得到优化,以保证运行的安静。主减速器齿轮经过最佳配置,减小发动机中心轴和差速器轴间的距离,使差速器的结构更加紧凑。

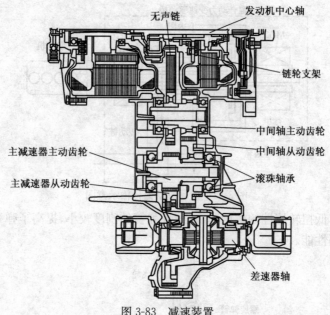

图 3-83　减速装置

4. 差速器齿轮装置

采用和传统变速驱动桥差速器相类似的小齿轮型差速器。

5. 润滑装置

行星齿轮组和主轴轴承的润滑使用装有余摆曲线式油泵的强制润滑系统,如图 3-84 所示。减速装置和差速器使用同类型的润滑油。

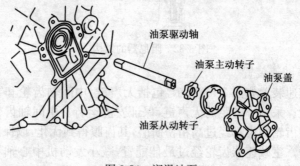

图 3-84　润滑油泵

三、换挡控制系统

换挡总成是瞬间换挡装置,甚至可以用指尖操作手柄,给操作者带来极大的便利。

采用电子通信变速系统。换挡总成的挡位传感器能检测挡位(R、N、D 或 B),并将信号输送到 HV ECU。HV ECU 控制发动机、MG1(发电机)和 MG2(电动机)的转速,产生最佳速比。

驻车锁止机构是通过连杆来操作的。采用了与换挡控制类似的电控装置,当驾驶员按下换挡总成顶部的驻车开关时,P 挡控制就会激活混合动力变速驱动桥上的换挡控制执行器,机械地锁止中间轴从动齿轮,此齿轮与驻车锁齿轮连接,从而锁止驻车锁。

1. 换挡控制系统的组成

换挡控制系统的组成如图 3-85 所示。

换挡控制系统的主要部件如图 3-86 所示。

(1)换挡总成

换挡总成如图 3-87 所示,它包括选挡杆、换挡手柄指示灯和挡位传感器。

①选挡杆。紧凑型选挡杆安装在仪表板上,换挡后,当驾驶员的手离开选挡杆手柄时,手柄会在回位弹簧的作用下回到原位。挡位如图 3-88 所示。B 挡在发动机制动范围内起作用,从 D 挡以外的挡换入 B 挡是禁止的,如果选挡杆不在 D 挡或 B 挡,则 B 挡指示灯就会熄灭,以防止驾驶员意外地换入 B 挡。

②换挡手柄指示灯。如图 3-89 所示,打开车灯时,壳体内的灯泡点亮,通过光束反射,照亮换挡手柄指示灯表面。

③挡位传感器。挡位传感器用于检测挡位(R、N、D 或 B),并将挡位信号输送到 HV ECU。它包括一个用于检测换挡杆横向运动的选择传感器和一个用于检测换挡杆纵向运动的换挡传感器。挡位传感器如图 3-90 所示。

挡位传感器检测挡位见表 3-8。

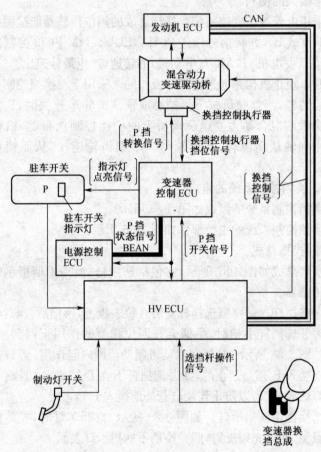

图 3-85　换挡控制系统组成示意图

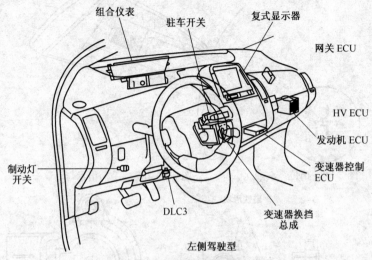

图 3-86 换挡控制系统主要部件的位置

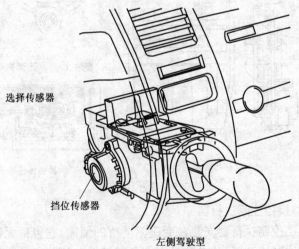

图 3-87 换挡总成

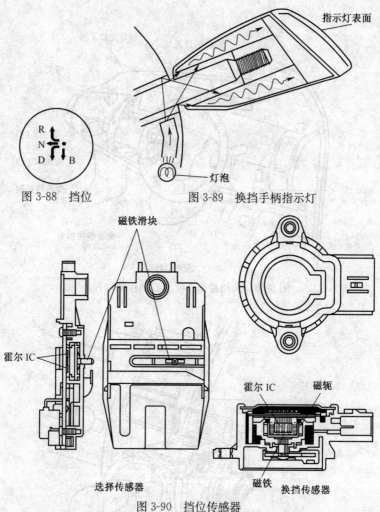

图 3-88 挡位

图 3-89 换挡手柄指示灯

图 3-90 挡位传感器

（2）换挡控制执行器

换挡控制执行器安装在变速驱动桥的侧面，它包括无刷电动机和摆线减速装置，其电动机由转角传感器、线圈、定子和转子组成，如图 3-91 所示。

表 3-8　挡位传感器检测位置

选择传感器检测位置(横向)	换挡传感器检测位置(纵向)	挡位
R,N,D	上	R
	中	N
	下	D
B	下	B

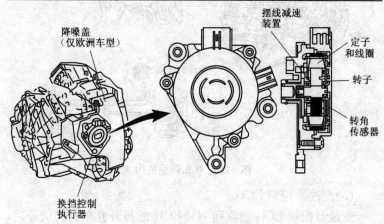

图 3-91　换挡控制执行器

按下驻车开关时,换挡控制执行器工作,变速驱动桥的驻车锁啮合,变速驱动桥被机械地锁止,在踩下制动踏板,驾驶员操作选挡杆时,换挡控制执行器就会将变速驱动桥的驻车锁开锁。

(3)驻车开关

驻车开关打开或关闭时,会检测驾驶员对驻车的操作情况,并将相关信息输送到 HV ECU。驻车开关是瞬间型开关,通过驻车开关上的指示灯来指示驻车锁是否锁止。

(4)驻车锁止机构

机械驻车锁止机构安装在中间轴从动齿轮中,如图 3-92 所示。驻车锁爪和与中间轴从动齿轮一体的驻车齿轮啮合可以锁止车辆。接收到变速器控制 ECU 的锁止或开锁信号后,换挡控制执行器就会转动1号杆来滑动驻车锁止杆,从而推动驻车锁爪,驻车锁爪和驻车齿轮啮合,驻车锁锁止。

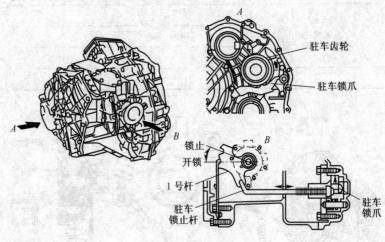

图 3-92 驻车锁止机构

(5)变速器控制 ECU

变速器控制 ECU 接收到 HV ECU 的打开驻车开关信号后,将激活换挡控制执行器,还能根据驻车开关的状态来点亮驻车指示灯。

(6)HV ECU

接收到打开驻车开关的信号后,HV ECU 检测换到驻车条件是否满足,并输送换挡控制执行器控制信号到变速器控制 ECU。挡位传感器检测挡位(R、N、D 或 B),并输送信号到 HV ECU。HV ECU 控制发动机、发电机(MG1)和电动机(MG2)的转速,产生最佳速比。当变速驱动桥中的驻车锁没有啮合时,如果 HV ECU 接收到电源 ECU 的车辆电源 OFF 信号,则 HV ECU 发送驻车转换信号到变速器控制 ECU 使驻车锁啮合。

(7)发动机 ECU

发动机 ECU 接收到 HV ECU 输出的与驾驶员选择挡位相

适应的发动机控制信号,使发动机处于最佳状态。

(8)电源控制 ECU

电源控制 ECU 输送信号到 HV ECU,表明车辆电源已关闭。电源控制 ECU 输送"换到驻车"请求信号到变速器控制 ECU。只有当电源开关关闭,挡位不在驻车时,才发送此信号。

(9)制动灯开关

制动灯开关检测制动踏板踩下信号。

(10)组合仪表

挡位指示灯位于组合仪表内,根据 HV ECU 的信号点亮驾驶员所选择的挡位,当前选择的挡位能通过组合仪表上的挡位指示灯显示,如图 3-93 所示。变速器控制 ECU 有异常情况时,组合仪表内主警告灯点亮。B 挡在发动机制动时起作用,从 D 挡以外的挡位换入 B 挡是被禁止的。如果选挡杆不在 D 或 B 挡,则 B 挡指示灯会熄灭,以防止驾驶员意外地换入 B 挡。

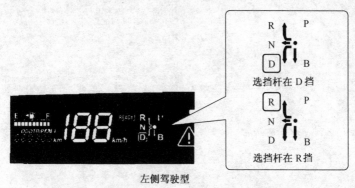

左侧驾驶型

图 3-93　组合仪表内挡位指示灯

(11)复式显示器

复式显示器根据变速器控制 ECU 发送的信号显示警告信息,以提示驾驶员。

2. 换挡控制系统的诊断

如果变速器控制 ECU 检测到换挡控制系统故障,则进行诊断并存贮故障信息,且换挡指示灯闪烁、点亮主警告灯,复式显示器上显示警告信息来通知驾驶员。可以用智能测试仪Ⅱ来读取 DTC。

3. 换挡控制系统的安全保护

如果变速器控制 ECU 检测到换挡控制系统故障,则变速器控制 ECU 会根据存储器中存贮的数据来控制换挡控制系统。

第四章 混合动力汽车的维修

第一节 混合动力汽车的维修准备

一、混合动力汽车维修的注意事项

1. 起动混合动力系统

①按正常方式起动混合动力系统。如果丰田普锐斯（Prius）HV 蓄电池完全放电，则更换 HV 蓄电池，严禁使用快速充电。不要尝试通过推或拉的方式起动混合动力系统。

②在发动机舱进行检查或维修时，应先查看 Ready 灯是否已经熄灭，防止发动机自动起动。丰田普锐斯混合动力汽车在 Ready 灯亮时，发动机会自动起动、停机。

2. 识别混合动力高压系统

①混合动力系统使用高压电，如图 4-1 所示，不正确的操作可能导致电击或漏电。

②高压线束和连接器都是橙色。

③HV 蓄电池和变频器上贴有"高压"警示标签。

3. 断开混合动力系统电源

①开始工作前，一定要断开电源。关闭电源开关，从辅助蓄电池上拆下负极电缆，拆下检修塞。

②拆下检修塞后，不要操作电源开关，否则可能损坏 HV ECU。将拆下来的检修塞放到衣袋内，防止其他人员连接检修塞。

③至少需要 5min 对变频器内的高压电容进行放电。

4. 戴绝缘手套

①检查与维修任何高压配线和部件时，必须戴绝缘手套。

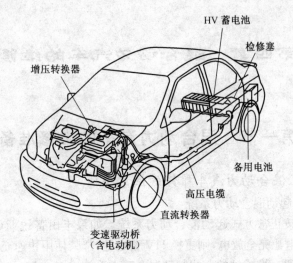

图 4-1   丰田普锐斯混合动力系统高压配线与部件

②戴绝缘手套之前,确保绝缘手套没有破损,如图 4-2 所示。

③不要戴湿手套。

5. 其他

①在对高压系统进行操作时,用类似"高压工作,请勿靠近!"的警示牌警示他人。

图 4-2   检查绝缘手套

②不要携带任何金属物体(如卡尺、卷尺),这些物体可能掉落而引起短路。拆下任何高压配线后,立刻用绝缘胶带将其绝缘,如图 4-3 所示。

③高压系统操作完后,确认高压端子已拧紧,连接器已连接。重新安装检修塞。确认没有遗留任何零件或工具。

二、检测仪的使用

智能测试仪Ⅱ(Intelligent Tester Ⅱ)是丰田汽车公司的第二代汽车检测仪,如图 4-4 所示。智能测试仪Ⅱ采用手持式,触摸屏操作,诊断功能全面,且内置双通道示波器和万用表,扩展了仪器

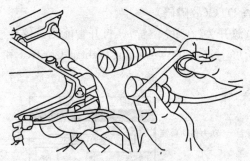

图 4-3　高压配线绝缘

功能。支持丰田和雷克萨斯所有装备 CAN BUS 系统的车型。

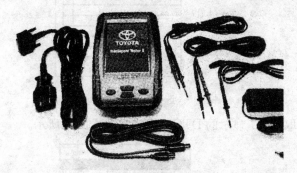

图 4-4　丰田汽车智能测试仪 Ⅱ

1. 仪器的连接

关闭电源开关。检查挡位是否在驻车挡。将智能测试仪 Ⅱ 连接到车辆的 DLC3(数据链路连接器)上,如图 4-5 所示。

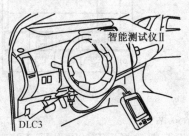

智能测试仪 Ⅱ

DLC3

图 4-5　智能测试仪 Ⅱ 与 DLC3 的连接

2. 检查 DTC(故障码)

打开电源开关(在 IG 位置)。打开智能测试仪Ⅱ。

在显示屏上选择 Powertrain、Hybrid Control 和 DTC,如图
4-6 所示。

图 4-6　选择系统检查 DTC

读取 DTC,显示的 DTC 为 P3138,如图 4-7 所示。

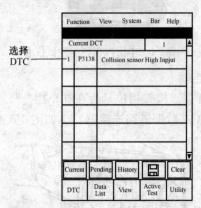

图 4-7　读取 DTC

3. 检查定格数据

如果出现 DTC,则选择 DTC,以显示已储存的定格数据,如

图 4-8 所示。"349"为 INF 代码（信息代码），选择该代码，可显示详细信息。

4. 清除 DTC

如图 4-9 所示，按下 Clear（清除）键，清除 DTC。清除 DTC 的同时会清除定格数据和信息。

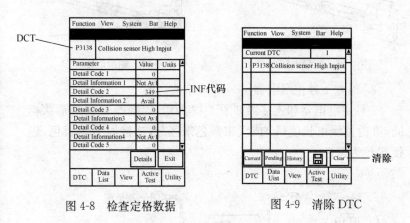

图 4-8　检查定格数据　　　　图 4-9　清除 DTC

第二节　丰田普锐斯蓄电池系统的维修

一、蓄电池组件的检查

1. 检查蓄电池加液口塞

①从蓄电池加液口塞上拔下检修塞。

②拆下蓄电池加液口塞。

③如图 4-10 所示，用万用表电阻挡测量端子间的电阻，其电阻应为 10Ω 或更大。如果电阻值不符合要求，则更换蓄电池加液口塞。

④将检修塞插到蓄电池加液口上。

⑤如图 4-11 所示，用万用表电阻挡测量端子间的电阻。其电阻应小于 $1k\Omega$。如果电阻值不符合要求，则更换蓄电池加液口塞。

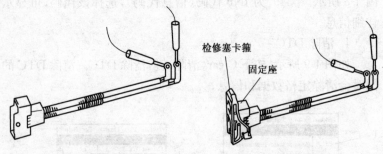

图 4-10　测量电阻(一)　　　　图 4-11　测量电阻(二)

2. 检查 1 号主继电器

1 号主继电器和连接器如图 4-12 所示,连接器 B 和 C 形状相同,可通过线束长度(L)或线束颜色来区分,连接器 B 为黄色,连接器 C 为黑色。

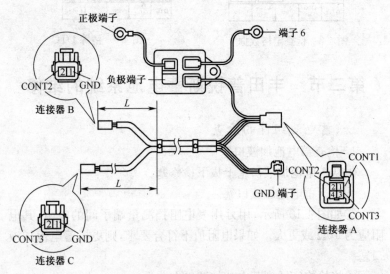

图 4-12　1 号主继电器和连接器

(1)检查导通性

①用万用表电阻挡测量连接器间的电阻,其电阻见表 4-1。

如果电阻值不符合要求,则更换 1 号主继电器。

表 4-1　连接器间的电阻

测量端子	规定电阻值
正极端子—负极端子	10kΩ 或更大
A2(CONT2)—B1(CONT2)	小于 1Ω
A3(CONT3)—C1(CONT3)	小于 1Ω
端子 B1(GND)—GND 端子	小于 1Ω
端子 C2(GND)—GND 端子	小于 1Ω

②在正极端子与负极端子间加蓄电池电压,用万用表电阻挡测量端子 6 和 A1(CONT1)间的电阻,其电阻应小于 1Ω。如果电阻值不符合要求,则更换 1 号主继电器。

(2)测量电阻

用万用表电阻挡测量端子 6 和 A1(CONT1)间的电阻,其电阻应为 70～160Ω。如果电阻值不符合要求,则更换 1 号主继电器。

3. 检查 2 号主继电器与 3 号主继电器

2 号主继电器及连接器端子如图 4-13 所示。将螺母安装到负极端子和正极端子上,扭矩为 5.6N·m。

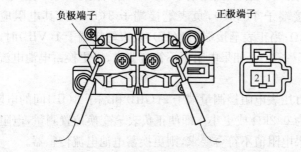

负极端子　　　　　　　　　　　　　正极端子

图 4-13　2 号主继电器及连接器端子

(1)检查导通性

①用万用表电阻挡测量正极端与负极端子间的电阻,其电阻

应为 10kΩ 或更大。如果电阻值不符合要求,则更换 2 号主继电器。

②在连接器端子间加蓄电池电压,用万用表电阻挡测量正极端子与负极端子间的电阻。其电阻应小于 1Ω。如果电阻值不符合要求,则更换 2 号主继电器。

(2)测量电阻

用万用表电阻挡测量连接器端子间的电阻。其电阻应为20～50Ω。如果电阻值不符合要求,则更换 2 号主继电器。

3 号主继电器的检查与 2 号主继电器相同。

4. 检查蓄电池电流传感器

蓄电池电流传感器连接器端子如图 4-14 所示。

①用万用表电阻挡测量端子 1 (VIB)和端子 2(GIB)间的电阻,当正表笔接端子 1(VIB),负表笔接端子 2(GIB)时,其电阻应为 3.5～4.5kΩ;当正表笔接端子 2(GIB),负表笔接端子 1(VIB)时,其电阻应为 5～7kΩ。如果电阻值不符合要求,则更换蓄电池电流传感器。

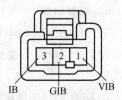

图 4-14　蓄电池电流传感器连接器端子

②用万用表电阻挡测量端子 1(VIB)和端子 3(IB)间的电阻,当正表笔接端子 1(VIB),负表笔接端子 3(IB)时,其电阻应为 3.5～4.5kΩ;当正表笔接端子 3(IB),负表笔接端子 1(VIB)时,其电阻应为 5～7kΩ。如果电阻值不符合要求,则更换蓄电池电流传感器。

③用万用表电阻挡测量端子 2(GIB)和端子 3(IB)间的电阻,其电阻应为 0.2kΩ 或更小。即使正负表笔变换位置测量,电阻也不变。如果电阻值不符合要求,则更换蓄电池电流传感器。

5. 检查主电阻器

主电阻器及连接器端子如图 4-15 所示。用万用表电阻挡测量主电阻器连接器端子间的电阻,其电阻应为 18～22Ω。如果电阻值不符合要求,则更换主电阻器。

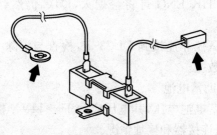

图 4-15 主电阻器及连接器端子

6. 检查 1 号蓄电池鼓风机继电器

1 号蓄电池鼓风机继电器及连接器端子如图 4-16 所示。用万用表电阻挡测量 1 号蓄电池鼓风机继电器连接器端子 3 与端子 5 间电阻,其电阻应为 10kΩ 或更大,在端子 1 和端子 2 上加蓄电池电压,其电阻小于 1Ω。如果电阻值不符合要求,则更换 1 号蓄电池鼓风机继电器。

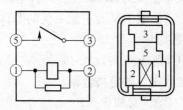

图 4-16 1 号蓄电池鼓风机继电器及连接器端子

二、蓄电池系统的自诊断

蓄电池 ECU 具有自诊断功能。如果蓄电池 ECU、HV 蓄电池或组件工作异常,复式显示器上的 HV 系统警告灯将点亮,同时组合仪表上的主警告灯点亮。

当 HV 蓄电池系统存在故障时主警告灯亮,在检查模式下,主警告灯闪烁。当检测到蓄电池 ECU 或驱动系统的故障时,仪表板上的 CHK ENG(检查警告)灯点亮。另外,相对应的 DTC 被记录在蓄电池 ECU 存储器内。如果没有再出现故障,当断开电源开关时,则 CHK ENG 灯将会熄灭,DTC 仍然存储在蓄电池 ECU 存储器中。

将智能测试仪 II 连接到 DLC3 上,检查与清除 DTC,并可读取输出的各种数据。

1. 检查辅助蓄电池

测量辅助蓄电池电压,其电压应为 11~14V。检查辅助蓄电池、熔丝、线束、连接器和接地情况。

2. 检查 CHK ENG 灯

当打开电源开关或断开 Ready 灯时,CHK ENG 灯点亮。如果 CHK ENG 灯没有亮,则排除 CHK ENG 灯电路故障。

当接通 Ready 灯时,CHK ENG 灯应熄灭。如果 CHK ENG 灯仍然点亮,则自诊断系统已检测到 HV 蓄电池系统异常。

3. 检查与清除 DTC

(1)检查 DTC(HV 蓄电池系统)

将智能测试仪 II 连接到 DLC3 上。打开电源开关(IG 位置)。打开智能测试仪 II。读取 HV 蓄电池系统的 DTC。

(2)检查定格数据

如果出现 DTC,则选择该 DTC 以显示它的定格数据。在进行 DTC 检测时,读取记录的定格数据。

(3)检查 DTC(CAN 总线检查)

读取通信系统 DTC。如果除了出现其他 DTC 外,还出现 CAN 通信系统 DTC,则首先排除 CAN 通信系统故障。

(4)检查 DTC(除 HV 蓄电池外的系统)

蓄电池 ECU 保持与 ECM、HV ECU 和其他设备在内的 ECU 之间的通信。蓄电池 ECU 输出一个警告,有必要检查并记录所有系统的 DTC。如果出现 DTC,则检查相关系统。

(5)清除 DTC

将智能测试仪 II 连接至 DLC3 上。打开电源开关(IG 位置)。

打开智能测试仪Ⅱ。检查换挡杆是否在驻车挡。清除DTC。应注意清除DTC也会清除定格数据。

4. 读取定格数据

定格数据记录了检测DTC时HV蓄电池系统和组件的工作状态。它有利于确定或模拟故障发生车辆的状态。

将智能测试仪Ⅱ连接到DLC3上。打开电源开关（IG位置）。打开智能测试仪Ⅱ。选择DTC，以便显示它的定格数据。定格数据见表4-2。

表4-2 定格数据

智能测试仪Ⅱ显示（英文）	测试项目/范围	故障出现时车辆状态
HV蓄电池充电状态（Battery SOC）	HV蓄电池充电状态/最小为0，最大为100%	HV蓄电池充电状态
HV蓄电池充电状态变化量（Delta SOC）	蓄电池盒内最大和最小值的差异/最小为0，最大为100%	HV蓄电池充电状态
HV蓄电池组电流（IB Battery）	蓄电池组电流值/最小为−327.68A，最大为327.68A	HV蓄电池的充电和放电条件:电流值为正值时放电,电流值为负值时充电
吸入空气温度（Batt Inside Air）	吸入蓄电池组的室外空气温度/最小为−327.68℃，最大为327.68℃	吸入蓄电池组的室外空气温度
蓄电池鼓风机风扇电动机电压（VMF Fan Voltage）	蓄电池鼓风机风扇电动机电压/最低为0V，最高为25.4V	蓄电池鼓风机风扇电动机的转动条件
辅助蓄电池电压（Aux. Batt V）	辅助蓄电池电压/最低为0V，最高为25.4V	辅助蓄电池状态

续表 4-2

智能测试仪Ⅱ显示(英文)	测试项目/范围	故障出现时车辆状态
充电控制数值(WIN)	从蓄电池 ECU 输送到 HV ECU 的放电控制功率/最低为－64kW,最高为 0kW	HV 蓄电池充电功率
放电控制数值(WOUT)	从蓄电池 ECU 输送到 HV ECU 的放电控制功率/最小为 0kW,最大为 63.5kW	HV 蓄电池放电功率
冷却风扇模式(Cooling Fan Spd)	蓄电池鼓风机风扇电动机驱动模式/最小为 0,最大为 6	停止为 0,从低速向高速转动为 1～6
ECU 控制模式(ECU Ctrl Mode)	ECU 控制模式/最小为 0,最大为 4	HV 蓄电池的工作状态
备用鼓风机请求(SBLW Rqsi)	蓄电池鼓风机电动机停止;控制请求(备用鼓风机)	蓄电池鼓风机电动机出现停止控制
蓄电池温度 TBI-TB3(Batt Temp 1-3)	HV 蓄电池温度/最小为－327.68℃,最大为 327.68℃	HV 蓄电池温度
蓄电池盒电压 V01-V14(V1-V14 Batt Block)	蓄电池盒电压/最低为－327.68V,最高为 327.68V	蓄电池盒之间的电压改变

三、蓄电池系统的故障检修

以 DTC P0560(系统电压故障)为例。DTC P0560 代表系统电压故障,其含义见表 4-3。

表 4-3　DTC P0560 的含义

DTC	DTC 检测条件	故障可能发生部位
P0560	当向端子 IGCT 供电时,辅助蓄电池电源系统开路	线束或连接器 HEV 熔断丝蓄电池 ECU

蓄电池 ECU 的电源电路如图 4-17 所示。备用蓄电池恒定地向蓄电池 ECU 的 AM 端子供电,保持蓄电池 ECU 存储器内的 DTC 和定格数据。

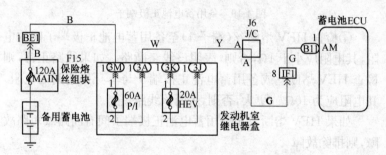

图 4-17　蓄电池 ECU 的电源电路

1. 检查熔断丝(HEV 20A)

①从发动机室继电器盒上拔下 HEV 熔断丝。HEV 熔断丝的位置如图 4-18 所示。

②检查 HEV 熔断丝电阻,其电阻应小于 1Ω,表明 HEV 熔断丝正常,否则,更换 HEV 熔断丝。

③重新装上 HEV 熔断丝。

2. 检查线路

①拆下备用蓄电池负极端子。

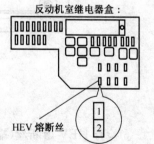

图 4-18　HEV 熔断丝的位置

②拆下备用蓄电池正极端子。其正极端子如图 4-19 所示。

③从发动机室继电器盒上拔下 HEV 熔断丝(HEV 20A)。

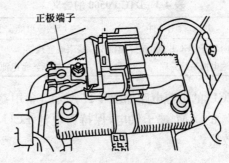

正极端子

图 4-19   备用蓄电池正极端子

④检查 HEV 熔断丝(端子 1)至备用蓄电池正极端子间的电阻,其电阻应小于 1Ω,否则,表明该线路断路。如果线路正常,则检查 HEV 熔断丝或备用蓄电池正极端子与车身接地间的电阻,其电阻应为 10Ω 或更大,否则,表明该线路短路。

如果 HEV 熔断丝至备用蓄电池正极端子间有断路或短路故障,则排除故障。

⑤拔下 B11 蓄电池 ECU 连接器 AM,如图 4-20 所示。

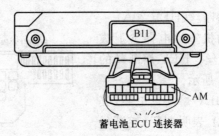

B11

AM

蓄电池 ECU 连接器

图 4-20   连接器 AM

⑥检查 HEV 熔断丝(端子 2)至 B11 蓄电池 ECU 连接器 AM 端子间的电阻,其电阻应小于 1Ω,否则,表明该线路断路。如果线路正常,则检查 HEV 熔断丝或 B11 蓄电池 ECU 连接器 AM 端子与车身接地间的电阻,其电阻应为 10Ω 或更大,否则,表明该线路短路。

如果 HEV 熔断丝至 B11 蓄电池 ECU 连接器 AM 端子间有断路或短路故障,则排除故障。

⑦插上 B11 蓄电池 ECU 连接器 AM。

⑧装上 HEV 熔断丝。

⑨装上备用蓄电池正极端子。

⑩装上备用蓄电池负极端子。

第三节 混合动力控制系统的维修

一、混合动力控制系统的检查

检查变频器(带转换器)

如果 HV 系统警告灯、主警告灯和充电警告灯同时点亮,则检查 DTC,并进行相应的故障排除。

检查时要戴绝缘手套,关闭电源开关,拆下检修塞,拆下变频器盖。如图 4-21 所示,拔下变频器连接器 A 和连接器 B。打开电源开关(IG 位置)。如在拆下检修塞和变频器盖后,打开电源开关,会产生互锁开关系统的 DTC。

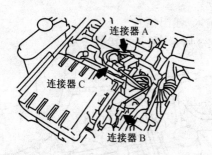

图 4-21 拔下变频器连接器 A 和连接器 B

(1)检查转换器

在 Ready 灯点亮、熄灭时,用万用表电压挡测量辅助蓄电池端子的电压。Ready 灯亮时,转换器输出电压为 14V;Ready 灯熄灭时,辅助蓄电池输出电压为 12V。

(2)检查输出电流

①从变频器上拔下 MG1(发电机)和 MG2(电动机)连接器。

②将电压表和交流/直流 400A 探针安装在如图 4-22 所示位置。

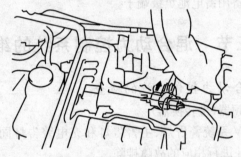

图 4-22　电压表和交流/直流 400A 探针安装位置

③将 MG1(发电机)和 MG2(电动机)连接插到变频器上。

④在 Ready 灯亮时,打开 12V 的电气设备,测量输出电流,其电流约为 80A 或更小。如果输出电流为 0A 或大于 80A,则检查输入/输出信号。

(3)检查输入/输出信号

①如图 4-23 所示,断开连接器。

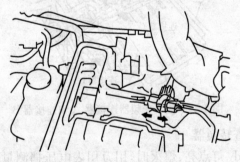

图 4-23　断开连接器

连接器端子如图 4-24 所示。

②用万用表电压挡测量线束侧连接器端子与车身接地间电压,其电压与辅助蓄电池电压相同。

③打开电源开关(IG 位置)。用万用表电压挡和电阻挡测量线束侧连接器端子与车身接地间的电压和电阻,其值见表 4-4。如果不符合要求,则更换变频器(带转换器)总成。

图 4-24　连接器端子

表 4-4　连接器端子间的电压和电阻标准

表笔连接	规定值
端子 5—车身接地	6～16V
端子 3—车身接地	辅助蓄电池电压
端子 1—车身接地	120～140Ω

二、混合动力控制系统的自诊断

HV ECU 具有自诊断功能。如果 HV ECU 检测出混合动力控制系统故障,复式显示器上 HV 系统警告灯亮,组合仪表上的主警告灯点亮。主警告灯点亮表示混合动力系统有故障,在检查模式下主警告灯闪烁。

将智能测试仪Ⅱ连接到车辆的 DLC3 上,并读取 DTC 和相应数据。

三、混合动力控制系统的故障检修

以电动机变频器电压过低故障为例。DTC P0A78 代表电动机变频器电压过低故障,其含义见表 4-5。

表 4-5　DTC P0A78 的含义

DTC	INF 代码	DTC 检测条件	故障可能发生部位
P0A78	266	变频器电压(VH)传感器电路开路或 GND 短路	线束或连接器带转换器的变频器总成 HV ECU

续表 4-5

DTC	INF 代码	DTC 检测条件	故障可能发生部位
	267	变频器电压(VH)传感器电路开路+B短路	线束或连接器带转换器的变频器总成 HV ECU

电动机变频器与 HV ECU 连接电路如图 4-25 所示。变频器内功率晶体管由 HV ECU 控制,用来转换直流电和三相交流电。

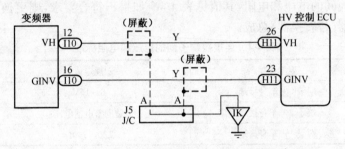

图 4-25 电动机变频器与 HV ECU 连接电路

电压传感器内置于变频器中,用来检测升压后的高压。变频器电压传感器根据高压的不同输出 0~5V 电压信号,如图 4-26 所示。HV ECU 监控变频器电压,并检测故障。

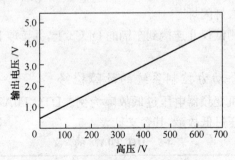

图 4-26 变频器电压传感器信号

检修高压系统前,应采取安全措施,以避免发生触电事故,要戴上绝缘手套,拆下检修塞。拆下检修塞后,需要 5min 对变频器内的高压电容进行放电,5min 内请不要接触任何高压连接器或端子。

1. 检查 DTC(混合动力控制系统)

将智能测试仪Ⅱ连接至 DLC3。打开电源开关(IG 位置)。打开智能测试仪Ⅱ。进入智能测试仪Ⅱ的下列菜单:Powertrain /Hybrid Control /DTC。读取 DTC。如果输出 DTC,读取相关 DTC 的定格数据。如果无 DTC 输出,则进行下一步。

2. 读取数据(升压后 HV 电压)

将智能测试仪Ⅱ连接至 DLC3。打开电源开关(IG 位置)。打开智能测试仪Ⅱ。进入智能测试仪Ⅱ的下列菜单:Powertrain /Hybrid Control /Data List。显示出升压数据后,读取 HV 电压。如果存在＋B 电路短路,则显示 765V。如果存在电路开路或 GND 短路,则显示 0V。如果存在间歇性故障,则显示 1～764V。

3. 读取数据(检查线束是否＋B 短路)

在进行下列操作前,戴上绝缘手套。

关闭电源开关。拆下检修塞,若拆下检修塞,打开电源开关(Ready 灯亮)可能导致故障,这时一定不要打开电源开关。拆下变频器盖。拔下 I10 变频器连接器,如图 4-27 所示。

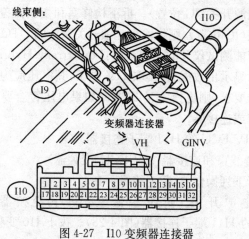

图 4-27　I10 变频器连接器

打开电源开关(IG 位置)。拆下检修塞和变频器盖后,如果打开电源开关(IG 位置),则将输出互锁开关系统的 DTC。

进入智能测试仪Ⅱ的下列菜单:Powertrain/Hybrid Control/Data List。显示出数据后,读取 HV 电压,其电压应为 0V。如果电压符合要求,则更换带转换器的变频器总成。

关闭电源开关。连接 I10 变频器连接器。安装上变频器盖。装上检修塞。

4. 读取数据(检查 HV ECU 是否+B 短路)

拔下 HV ECU 的 H11 端子连接器,如图 4-28 所示。

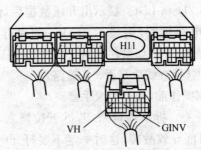

图 4-28　HV ECU 的 H11 端子连接器

打开电源开关(IG 位置)。拆下检修塞和变频器盖后,如果打开电源开关(IG 位置),则将输出互锁开关系统的 DTC。

进入智能测试仪Ⅱ的下列菜单:Powertrain/Hybrid Control/Data List。显示出数据后,读取 HV 电压,其电压应为 0V。如果电压不符合要求,则更换 HV ECU。如果电压符合要求,则修理或更换线束或连接器。

连接 HV ECU 的 H11 端子连接器。

5. 检查线束和连接器(HV ECU、变频器)

在进行下列操作前,戴上绝缘手套。

关闭电源开关。拆下检修塞。拆下变频器盖。拔下 HV ECU 的 H11 端子连接器(图 4-28)。拔下 I10 变频器连接器

（图 4-27）。用万用表电阻挡检查线束侧连接器间的电阻，其电阻见表 4-6。如果电阻不符合要求，则修理或更换线束或连接器。

表 4-6　线束侧连接器间的电阻标准（开路检查）

表笔连接	规定值
VH(H11-26)-VH(I10-12)	小于 1Ω
GINV(H11-23)-GINV(I10-16)	小于 1Ω
VH (H11-26)-VH(I10-12)-车身接地	10kΩ 或更大
GINV(H11-23)-GINV(I10-16)-车身接地	10kΩ 或更大

连接 I10 变频器连接器。连接 HV ECU 的 H11 端子连接器。安装变频器盖。安装检修塞。

6. 检查 HV ECU(VH 电压)

打开电源开关。用万用表电阻挡检查 HV ECU 的 H11 连接器端子 VH(H11-26)与端子 GINV(H11-23)间的电压，其电压值应为 1.6～3.8V。如果电压符合要求，则更换带转换器的变频器总成。如果电压不符合要求，则更换 HV ECU。

第四节　混合动力发动机控制系统的维修

一、发动机控制系统的检查

1. 检查节气门总成的运行情况

①拔下节气门控制电动机连接器。

②将智能测试仪 Ⅱ 连接到 DLC3 上。打开电源开关（在 IG 位置）。打开智能测试仪 Ⅱ。选择菜单：Powertrain/Engine and ECT/Data List /Throttle POS。

③用手拉开带电动机体的节气门连杆。节气门全开时，检查"Throttle POS"值是否在规定范围内。其规定值为 60% 或更大。如果不符合要求，则检查带电动机体的节气门、线束和 ECM。

④清除 DTC。关闭智能测试仪 Ⅱ。关闭电源开关。

⑤插上节气门控制电动机连接器。

⑥将车辆置为检查模式。打开电源开关（Ready 灯亮）。起动并预热发动机。

⑦将选挡杆转换到 D 挡,检查发动机是否停止,并检查影响发动机转动的发电机是否有负载,见表 4-7。

表 4-7　检查 D 挡时发动机是否停止

D 挡	HV 蓄电池充电	发动机负载
停止	大于某值	没有负载或很小
运行	正在减少	有负载

⑧打开智能测试仪 Ⅱ。

⑨将选挡杆转换到 P 挡,起动发动机。

⑩选择菜单:Powertrain/Engine and ECT/Data List/Engine Speed。检查发动机转速是否在规定范围内。其转速应为 950～1050r/min。如果发动机转速符合要求,则在发动机运转 3min 后,再次检查发动机转速。如有必要,检查带电动机体的节气门、线束和 ECM。

2. 检查凸轮轴正时机油控制阀总成的运行情况

①将车辆置为检查模式。

②将智能测试仪 Ⅱ 连接到 DLC3 上。打开电源开关(IG 位置)。打开智能测试仪 Ⅱ。

③起动并预热发动机。

④选择菜单:Powertrain/Engine and ECT/Active Test/Activate the VVT System (Bank1)。用智能测试仪 Ⅱ 操作凸轮轴正时机油控制阀(OCV),检查发动机转速,其转速见表 4-8。如果不符合要求,则检查凸轮正时机油控制阀、线束和 ECM。

表 4-8　发动机转速

OCV 状态	规定条件
OFF(关闭)	发动机转速正常
ON(开启)	怠速不稳或发动机熄火

二、发动机控制系统的自诊断

可在正常模式下诊断系统运行,也可以在进行故障模拟和故障排除时采用检查模式。使用智能测试仪Ⅱ将 ECM 转到检查模式,一旦检测到故障,便可使 CHK ENG 灯点亮。

1. 检查与清除 DTC

正常模式中若出现 DTC,在智能测试仪Ⅱ上,使用 Continuous Test Results 功能检查未定故障代码。

如果诊断系统由正常模式转到检查模式或由检查模式转到正常模式,则正常模式下记录的所有 DTC 和定格数据都会被清除,因此,要时常检查记录的 DTC 和定格数据。

2. 检查定格数据

检查 DTC 时,如果出现 DTC,选择 DTC,可读取定格数据。定格数据记录了检测到故障时发动机的运行情况(燃油系统、计算负荷、发动机冷却液温度、燃油调节、发动机转速、车速等),见表4-9。进行故障排除时,定格数据可以判定故障发生时车辆是否行驶、发动机是否暖机、空燃比过浓或过稀以及发生故障时的其他相关数据。

表 4-9　定格数据表

数据显示(英文)	测量项目/范围	说　　明
计算负荷 (Cal Load)	计算负荷	ECM 计算负荷
冷却液温度	发动机冷却液温度	数值为 −40℃,传感器电路开路;数值为140℃,传感器电路短路
短 FT♯1	短期燃油调节	用于保持空燃比在理论空燃比的短期燃油补偿
长 FT♯1	长期燃油调节	用于补偿短期燃油调节的持续偏离中心阀值
发动机转速 (Engine Spd)	发动机转速	—

续表 4-9

数据显示(英文)	测量项目/范围	说　　　明
车速 (Vehicle Spd)	车速	车速表指示的速度
点火提前 (Ign Advance)	点火提前	—
进气	进气温度	数值为 -40℃,传感器电路开路;数值为 140℃,传感器电路短路
MAF	质量式空气流量	数值接近 0g/s:质量式空气流量计电源电路;VG 电路开路或短路 数值为 160.0g/s 或更大:E2G 电路开路
节气门位置 (Throttle Pos)	节气门位置	打开电源开关时读取数值(不要起动发动机)
O2S B1 S2	加热型氧传感器输出	使用 Active Test(动态测试)的 INJ VOL 或 A/F Control 功能,以便检查传感器的电压输出
O2FT B1 S2	加热型氧传感器燃油调节	和短 FT ♯1 相同
发动机运行时间 (Eng Run Time)	发动机运行累计时间	—
AF FT B1 S1	空燃比传感器的燃油调节	
AFS B1 S1	空燃比传感器输出	使用 Active Test(动态测试)的 INJ VOL 或 A/F Control 功能,以便检查传感器的电压输出
蓄电池电压 (BATT)	蓄电池电压	

3. 检查模式

检查模式和正常模式相比,可以更灵敏地检测故障,且在正常模式下检测到的相同诊断项目也可以在检查模式下检测到。

①检查初始状态。蓄电池电压为 11V 或更高,节气门全闭,变速器在驻车挡或 N 挡,关闭空调。

②将智能测试仪Ⅱ连接到 DTC3 上。

③打开电源开关(在 IG 位置)。

④使用智能测试仪Ⅱ将 ECM 转为检查模式,确认CHK ENG 灯闪烁,其闪烁方式如图 4-29 所示。

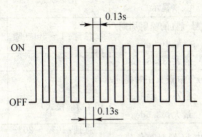

图 4-29　CHK ENG 灯闪烁方式

⑤起动 HV 主系统(Ready 灯亮),在系统起动后,CHK ENG 灯应关闭。

⑥模拟故障。

⑦故障模拟后,检查 DTC、定格数据和其他数据。使用智能测试仪Ⅱ将 ECM 由正常模式转到检查模式,或由检查模式转到正常模式,以及在检查模式中,关闭电源开关,DTC 和定格数据将被清除。

⑧检查 DTC 后,检查相应电路。

⑨清除 DTC 和定格数据。

4. 读取数据表(Data List)

使用智能测试仪Ⅱ的 Data List(数据表),可以读取开关、传感器、执行器和其他数据。在故障排除前读取 Data List(数据表)。

Data List(数据表)见表 4-10,在"正常状态"下列出的数值是参考值,不要只依据这些参考值来判断故障。

5. 动态测试(Active Test)

使用智能测试仪Ⅱ的 Active Test(动态测试)可以使继电器、

VSV、执行器等运行。在进行 Active Test(动态测试)时可能显示 Data List(数据表)。

表 4-10   Data List(数据表)

数据显示(英文)	测量项目/范围 (显示)	正常状态	说　　明
喷　嘴	1 号气缸的喷射周期/ 最小:0ms 最大:32.64ms	怠速:1～3ms(喷 射模式)	—
点火提前 (Ign Advance)	1 号气缸点火正时提前/ 最小:—64deg 最大:63.5deg	怠速:BTDC 7°～ 15°(喷射模式)	—
计算负荷 (Cal Load)	由 ECM 计算负荷/ 最小:0 最大:100%	怠速:10%～20% (喷射模式) 无负荷运行(1500r/ min):10%～20%	—
MAF	MAF 的空气流量值/ 最小:0g/s 最大:655g/s	怠速:3～7g/s (1500r/min)	如果数值接近 0g/s:质量式空气 流量计电源电路 开路,VG 电路开 路或短路; 如果数值为 160.0g/s 或更大: E2G 电路开路
发动机转速 (Engine Spd)	发动机转速/ 最小:0r/min 最大:16383r/min	怠速:1000r/min (将发动机置于检查 模式下时)	—
车　速 (Vehicle Spd)	车速/ 最小:0km/h 最大:255km/h	实际车速	车速表指示的 速度
冷却液温度	发动机冷却液温度/ 最低:—40℃ 最高:140℃	预热后:80～100℃ (176～212°F)	如果数值为— 40℃:传感器电路 开路; 如果数值为 140℃(284°F):传 感器电路短路

续表 4-10

数据显示(英文)	测量项目/范围（显示）	正常状态	说　　明
进　　气	进气温度/ 最低：−40℃ 最高：140℃	和环境温度相同	如果数值为−40℃：传感器电路开路； 如果数值为140℃（284°F）：传感器电路短路
环境温度 （Ambient Temp）	环境温度 最低：−40℃ 最高：215℃	和环境温度相同	如果数值为−40℃：传感器电路开路； 如果数值为215℃：传感器电路短路

①打开电源开关（Ready 灯亮），并预热发动机。

②关闭电源开关。

③将智能测试仪Ⅱ连接到 DLC3 上。

④打开电源开关（IG 位置）。

⑤打开智能测试仪Ⅱ。

⑥选择菜单：Powertrain/Engine and ECT /Active Test，根据显示项目进行动态测试（Active Test）。动态测试（Active Test）见表 4-11。

表 4-11　Active Test(动态测试)的项目

项目显示(英文)	测试内容	诊断注解
控制喷射量 （Inj Vol）	［测试内容］ 控制喷射量 最小：−12.5% 最大：25% ［车辆状况］ 发动机转速：3000r/min 或更小	立即测试所有喷嘴 喷射量在−12.5%和25%之间逐渐变化

续表 4-11

项目显示（英文）	测试内容	诊断注解
控制 A/F 传感器的喷射量（A/F Control）	［测试内容］ 控制喷射量 −12.5％或 25％（改变喷射量） −12.5％或 25％ ［车辆状况］ 发动机转速：3000r/min 或更小	—
起动 Evap 的 VSV ［Evap VSV（Alone）］	［测试内容］ 启动 Evap 控制的 VSV On 或 Off	—
控制燃油泵/速度（Fuel Pump /Spd）	［测试内容］ 控制燃油泵 On 或 Off	—
激活 VVT 系统（VVT Ctrl B1）	［测试内容］ 激活 VVT 系统（　） On 或 Off	On：怠速不稳或发动机失速 Off：发动机转速正常
连接 TC 和 TEI（TC/TEI）	［测试内容］ 连接 TC 和 TEI On 或 Off	—
控制怠速燃油切断禁止（FC Idl Prohbt）	［测试内容］ 控制怠速燃油切断禁止 On 或 Off	怠速中
控制电子冷却风扇（Cooling Fan）	［测试内容］ 控制电子冷却风扇 On 或 Off	—
控制 ETCS 开路/闭路慢速［ETCS Slow（Open /Close）］	［测试内容］ 控制 ETCS 开路/闭路慢速 On 或 Off	—
控制 ETCS 开路/闭路快速［ETCS Fast（Open /Close］	［测试内容］ 控制 ETCS 开路/闭路快速 On 或 Off	—

续表 4-11

项目显示(英文)	测试内容	诊断注解
控制气缸#1燃油切断 (Fuel Cut#1)	［测试内容］ 控制气缸#1燃油切断 On 或 Off	为了平衡功率切断 1 号 气缸燃油

三、发动机控制系统的故障检修

1. 空气流量计(MAF)电路故障检修

DTC P0100、P0100、P0103 代表空气流量计电路故障。其含义见表 4-12。

表 4-12　DTC P0100、P0100、P0103 的含义

DTC	DTC 检测条件	故障可能发生部位
P0100	空气流量计电路开路或短路 3s 以上	空气流量计电路开路或短路 空气流量计 ECM
P0102	空气流量计电路开路 3s 以上	空气流量计电路开路 空气流量计 ECM
P0103	空气流量计电路短路 3s 以上	空气流量计电路短路 空气流量计 ECM

质量式空气流量计如图 4-30 所示,由热铂丝和温度传感器构成电桥电路。它用于测量流过节气门的空气量。

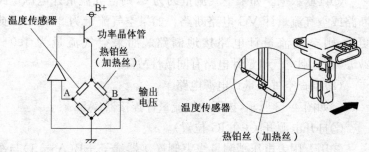

图 4-30　质量式空气流量计

空气流量计电路如图 4-31 所示。

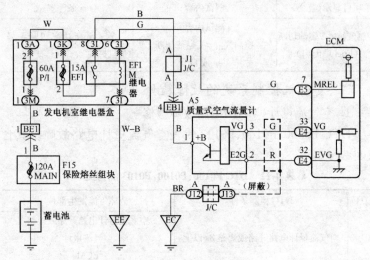

图 4-31　空气流量计电路图

(1)读取数据(空气流量,g/s)

①将智能测试仪Ⅱ与 DLC3 连接。

②将发动机置于检查模式。

③起动发动机。

④打开智能测试仪Ⅱ。

⑤选择菜单:Powertrain/Engine and ECT/Data List /MAF。

⑥读取数据。如果空气流量约为 0,则空气流量计电源电路断路或空气流量计 VG 电路断路。如果空气流量为 271.0g/s 或更大,则空气流量计电路接地断路。如果空气流量为 1.0～270.0g/s,则空气流量计电路有间歇性故障。

(2)检查空气流量计电源电路

①如图 4-32 所示,拔下空气流量计连接器(A5)。

②打开电源开关(在 IG 位置)。

③用万用表电压挡测量线束侧连接器端子＋B(A5－1)与车

身接地间电压。其电压应为 $9 \sim$ 14V。如果电压值不符合要求,则检查线束和连接器(A5)。

线束侧:

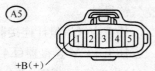

④关闭电源开关。

⑤插上空气流量计连接器(A5)。

图 4-32　空气流量计连接器(A5)

(3)检查 ECM 的 VG 电压

①将发动机置于检查模式。

②起动发动机。空调开关应关闭。

③用万用表电压挡测量 ECM 连接器(E4)端子 VG(E4-33)与端子 EVG(E4-32)间的电压,如图 4-33 所示。发动机怠速时,其电压应为 $0.5 \sim 3.0$V。如果电压值不符合要求,则更换 ECM。

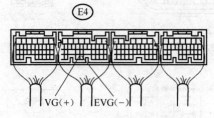

图 4-33　ECM 连接器(E4)

(4)检查线束和连接器(空气流量计—ECM)

①拔下空气流量计连接器(A5)。空气流量计连接器(A5)如图 4-34 所示。

②拔下 ECM 连接器(E4)。ECM 连接器(E4)如图 4-35 所示。

③用万用表电阻挡检查线束侧端子 VG(A5-3)与端子 VG(E4-33)、端子 E2G(A5-2)与端子 EVG(E4-32)间电阻,其电阻应小于 1Ω。如果电阻值不符合要求,则修理或更换线束或连接器。如果电阻值符合要求,则更换空气流量计。

④用万用表电阻挡检查线束侧端子 VG(A5-3)或 VG(E4-33)

与车身接地间电阻,其电阻应为 $10k\Omega$ 或更大。如果电阻值不符合要求,则修理或更换线束或连接器。如果电阻值符合要求,则更换空气流量计。

⑤插上空气流量计连接器(A5)。

⑥插上 ECM 连接器(E4)。

(5)检查线束和连接器(空气流量计—集成继电器)

①从发电机室继电器盒上拆下集成继电器。集成继电器如图4-36 所示。

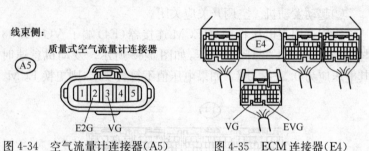

图 4-34　空气流量计连接器(A5)　　　图 4-35　ECM 连接器(E4)

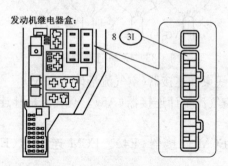

图 4-36　集成继电器位置

②拔下空气流量计连接器(A5)。

③用万用表电阻挡检查线束侧连接器端子＋B(A5-1)与集成继电器端子(31-8)间的电阻,其电阻应小于 1Ω。如果电阻值不符合要求,则修理或更换线束或连接器。如果电阻值符合要求,则检

查 ECM 电源电路。

④用万用表电阻挡检查线束侧连接器端子＋B(A5-1)或集成继电器端子(31-8)与车身接地间的电阻,其电阻应为 10kΩ 或更大。如果电阻值不符合要求,则修理或更换线束或连接器。如果电阻值符合要求,则检查 ECM 电源电路。

⑤插上空气流量计连接器。

⑥装上集成继电器。

(6)检查 ECM(空气流量计接地)

ECM 连接器(E4)如图 4-37 所示。用万用表电阻挡检查 ECM 连接器(E4)端子 EVG(E4-32)与车身接地间的电阻,其电阻值应小于 1Ω,否则,表明断路。如果电阻值不符合要求,则更换 ECM。

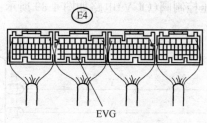

图 4-37　ECM 连接器(E4)

2. 凸轮轴油压控制阀(OCV)电路故障检修

DTC P0010 代表凸轮轴油压控制阀(OCV)电路故障,其含义见表 4-13。

表 4-13　DTC P0010 的含义

DTC	DTC 检测条件	故障可能发生部位
P0010	凸轮轴油压控制阀(OCV)电路开路或短路	凸轮轴油压控制阀(OCV)电路开路或短路 凸轮轴油压控制阀(OCV) ECM

VVT-i 系统(智能可变气门正时系统)如图 4-38 所示,包括传感器、ECM、凸轮轴油压控制阀(OCV)和 VVT 控制器(未画出)。

ECM根据传感器的信号控制凸轮轴油压控制阀(OCV),VVT控制器通过凸轮轴油压控制阀(OCV)控制的油压来调节进气凸轮轴角度。ECM可以进行反馈控制并校准目标气门正时。

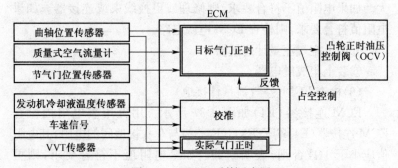

图4-38　VVT-i系统示意图

凸轮轴油压控制阀(OCV)电路如图4-39所示。

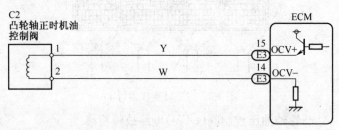

图4-39　凸轮轴油压控制阀(OCV)电路

(1)检查凸轮轴正时油压控制阀(OCV)。

检查凸轮轴正时油压控制阀,应没有污物并运行平稳。如果异常,则更换凸轮轴正时油压控制阀。

(2)检查线束和连接器(凸轮轴正时油压控制阀一ECM)

①拔下凸轮轴正时油压控制阀连接器(C2)。凸轮轴正时油压控制阀连接器(C2)如图4-40所示。

②拔下ECM连接器(E3)。ECM连接器(E3)如图4-41所示。

线束侧：
凸轮轴正时油压控制阀
连接器

图 4-40　凸轮轴正时油压控制阀连接器(C2)

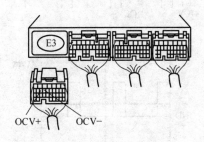

图 4-41　ECM 连接器(E3)

③用万用表电阻挡检查线束侧连接器端子(C2-1)与端子(E3-15)、端子(C2-2)与端子(E3-14)间的电阻,其电阻应小于 1Ω,否则,表明有断路。如果不符合要求,则修理或更换线束或连接器。

④用万用表电阻挡检查线束侧连接器端子(C2-1)或端子(E3-15)与车身接地、端子(C2-2)或端子(E3-14)与车身接地间的电阻,其电阻应大于 $10k\Omega$ 或更大,否则,表明有短路。如果不符合要求,则修理或更换线束或连接器。

⑤插上凸轮轴正时油压控制连接器(C2)。

⑥插上 ECM 连接器(E3)。

(3)检查 ECM(OCV 信号)

将发动机置于检查模式。起动发动机并预热。发动机怠速时,用示波器检查 ECM 连接器(E3)端子 OCV＋(E3-15)与端子 OCV－(E3-14)的波形。ECM 连接器(E3)及正常波形如图 4-42 所示。如果波形异常,则更换 ECM。

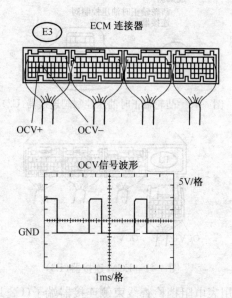

图 4-42 ECM 连接器(E3)及波形

第五节 丰田普锐斯混合动力 变速驱动桥的维修

一、混合动力变速驱动桥的检查

1. 检查油位

①将车辆停在平坦的场地上。

②拆下加液口塞。

③检查加液口塞孔变速驱动桥油位,距加液口塞孔 0~5mm 内应有变速驱动桥油,如图 4-43 所示。

④如果油位低,则检查变速驱动桥是否漏油。添加纯正的变速驱动桥油至规定油位。

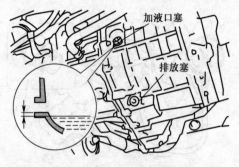

图 4-43　检查变速驱动桥油位

⑤换上新的衬垫,以 39N·m 力矩拧紧加液口塞。

⑥车辆行驶后,重新检查变速驱动桥油位。

2. 检查油压

①顶起车辆。

②拧下油泵罩塞,如图 4-44 所示。

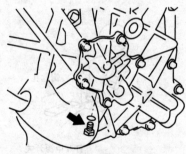

图 4-44　拧下油泵罩塞

③装上油压测试专用工具(SST),如图 4-45 所示。

④鼓风机开关设置为"HI"。打开空调开关。

⑤踩下制动踏板,按下电源开关,起动发动机(起动混合动力系统)。

⑥在油温达到 50℃～80℃后,保持发动机转速为 1200r/min,测量油压。其油压应为 9.8kPa 或更大。

图 4-45   装上油压测试专用工具(SST)

⑦换上新 O 形圈,以 7.4N·m 力矩拧紧油泵塞罩。

3. 检查换挡杆

①将钥匙随身携带(车辆配有智能进入和起动系统),或将钥匙插到钥匙孔里,踩下制动踏板,打开电源开关(READY 灯亮),如图 4-46 所示。

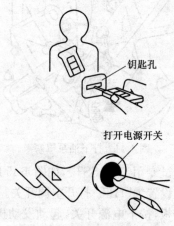

图 4-46   起动混合动力系统

②检查齿轮是否按照换挡操作模式变化,见表 4-14。如果检查结果异常,则更换换挡杆总成。

表 4-14　换挡操作模式

电源状态	操作	P	R	N	D	B
混合动力系统起动（可以行驶）	换挡杆操作	○	→○			
		○		→○		
		○			→○	
			○	→○		
			○		→○	
				○	→○	
			○←	○		
					○	→○
				○←	○	
			○←		○	
					○←	○
		○			○	
		○				○
	P 挡切换操作	○←	○			
		○←		○		
		○←			○	
		○				○

③关闭电源开关,停止混合动力系统。

④将钥匙随身携带(车辆配有智能进入和起动系统),或将钥匙插到钥匙孔里。不踩下制动踏板,打开电源开关一次,将钥匙在 OFF、ACC 和 IG 之间切换,如图 4-47 所示。检查齿轮是否按照换挡操作模式变化。钥匙在 IG 状态时,换挡操作模式见表 4-15。如果检查结果异常,则更换换挡杆总成。

不踩下制动踏板,
打开电源开关。

电源开关

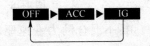

图 4-47　打开电源开关及钥匙切换

二、换挡执行器总成的更换

换挡执行器总成的拆装如下:

表 4-15　换挡操作模式

电源状态	操作	P	R	N	D	B
IG（不能行驶）	换挡杆操作	○————————○				
	P 挡切换操作	○←————————○				

①断开换挡执行器总成连接器。

②拆下混合动力变速驱动桥的变速器壳盖,如图 4-48 所示。

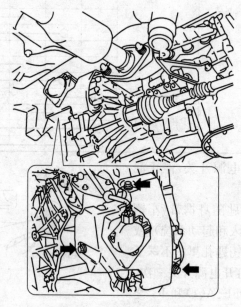

图 4-48　拆下变速器壳盖

③拆下混合动力变速驱动桥的换挡执行器总成,如图 4-49 所示。

④在换挡执行器总成的 O 形圈上涂少量 ATF WS,如图 4-50 所示。

⑤装上换挡执行器总成,以 16N·m 力矩拧紧螺栓

⑥装上变速器壳盖,以 7.0N·m 力矩拧紧螺栓。

⑦连接换挡执行器总成连接器。

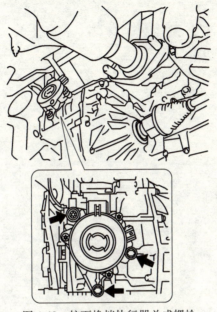

图 4-49　拧下换挡执行器总成螺栓

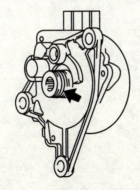

图 4-50　O 形圈上涂少量 ATF WS